Bildwörterbuch

FRANZÖSISCH
DEUTSCH

FRANÇAIS
ALLEMAND

PONS GmbH
Stuttgart

INHALT
TABLE DES MATIÈRES

35 *STRASSE UND SCHIENE*
ROUTE ET RAILS

9 *FAMILIE UND FREUNDSCHAFT*
FAMILLE ET AMIS

47 *ESSEN UND TRINKEN*
BOIRE ET MANGER

15 *WOHNUNG UND HAUSHALT*
LOGEMENT ET INTÉRIEUR

63 *GESUNDHEIT UND KÖRPERPFLEGE*
SANTÉ ET HYGIÈNE

79 ***ARBEIT UND KOMMUNIKATION***
TRAVAIL ET COMMUNICATION

93 ***KLEIDUNG***
VÊTEMENTS

99 ***NOTDIENSTE***
SERVICES DE SECOURS

103 ***GELD, ZAHLEN UND ZEIT***
ARGENT, NOMBRES ET TEMPS

118 ***INDEX FRANZÖSISCH***
INDEX FRANÇAIS

126 ***INDEX UND AUSSPRACHE DEUTSCH***
INDEX ET PRONONCIATION ALLEMANDS

***FAMILIE UND FREUNDSCHAFT* – FAMILLE ET AMIS** **9**
Die Familie – La famille 10
Beziehungen – Relations 12

***WOHNUNG UND HAUSHALT* – LOGEMENT ET INTÉRIEUR** **15**
Die Wohnung – L'appartement 16
Das Haus – La maison 18
Das Wohnzimmer – La salle de séjour 20
Das Esszimmer – La salle à manger 21
Die Küche – La cuisine 22
Das Schlafzimmer – La chambre à coucher 25
Das Kinderzimmer – La chambre d'enfant(s) 26
Das Badezimmer – La salle de bains 27
Die Waschküche – La buanderie 28
Reinigungsartikel – Articles ménagers 29
Die Heimwerkstatt – L'atelier de bricolage 30
Strom und Heizung – Chauffage et électricité 33
Der Garten – Le jardin 34

***STRASSE UND SCHIENE* – ROUTE ET RAILS** **35**
Straßen und Verkehr – Rues, routes et circulation 36
Das Auto – La voiture 39
Der Bus – Le bus 44
Das Fahrrad – La bicyclette 45
Der Zug – Le train 46

***ESSEN UND TRINKEN* – BOIRE ET MANGER** **47**
Tierische Produkte – Produits animaux 48
Gemüse – Légumes 50
Obst – Fruits 53
Würzmittel und Soßen – Assaisonnements et sauces 55
Brot – Pains 56
Getränke – Boissons 57
Das Fastfood – La restauration rapide 58
Geschirr und Besteck – Vaisselle et couverts 59
Die Ernährung – L'alimentation 60
Der Supermarkt – Le supermarché 61

***GESUNDHEIT UND KÖRPERPFLEGE* – SANTÉ ET HYGIÈNE** **63**
Der Körper – Le corps 64
Die Hand und der Fuß – La main et le pied 66
Das Gesicht – Le visage 67
Die inneren Organe – Les organes internes 68
Schwangerschaft und Geburt – Grossesse et accouchement 69
Der Arztbesuch – La visite médicale 70
Symptome und Krankheiten – Symptômes et maladies 71
Behinderungen – Handicaps 73
Verletzungen – Blessures 74
Die Apotheke – La pharmacie 76
Die Körperpflege – L'hygiène corporelle 78

ARBEIT UND KOMMUNIKATION - TRAVAIL ET COMMUNICATION **79**

Die Arbeitswelt - Le monde du travail 80

Der Computer - L'ordinateur 84

Das Internet - L'internet 88

Mobile Endgeräte - Terminaux mobiles 89

Das Telefon - Le téléphone 90

Die Post - La poste 91

KLEIDUNG - VÊTEMENTS **93**

Babysachen - Vêtements de bébé 94

Herrenkleidung - Vêtements pour hommes 95

Damenkleidung - Vêtements pour dames 96

Accessoires - Accessoires 97

Schuhe und Lederwaren - Chaussures et maroquinerie 98

NOTDIENSTE - SERVICES DE SECOURS **99**

Erste Hilfe - Premiers soins 100

Die Polizei - La police 101

Die Feuerwehr - Les pompiers 102

GELD, ZAHLEN UND ZEIT - ARGENT, NOMBRES ET TEMPS **103**

Die Bank - La banque 104

Die Zahlen - Les nombres 106

Die Zeit - Le temps 112

Maße - Mesures 116

INDEX FRANZÖSISCH - INDEX FRANÇAIS **118**

INDEX UND AUSSPRACHE DEUTSCH - INDEX ET PRONONCIATION ALLEMANDS **126**

HINWEISE ZUR BENUTZUNG DES WÖRTERBUCHS

Mit den 1.500 nützlichsten Wörtern ist dieses Wörterbuch im täglichen Leben Ihr idealer Begleiter. Hier die wichtigsten Tipps, wie Sie den größten Nutzen aus dem Buch ziehen:

1. Schnell übersetzen

Dieses Wörterbuch ist nach den neun wichtigsten Themenfeldern aus dem Alltagsleben gegliedert. Ob im Haushalt, unterwegs oder im Beruf: Blättern Sie zum relevanten Kapitel und schon haben Sie die Wörter, die Sie brauchen, auf einen Blick. Sie suchen ein ganz bestimmtes Wort? Schlagen Sie einfach hinten im alphabetischen Index nach.

2. Die wichtigsten Sätze

In den neun Kapiteln finden Sie neben der reinen Wort-Bild-Zuordnung auch Sätze für die häufigsten Situationen.

3. Richtig aussprechen

Damit Sie jedes Wort richtig aussprechen, haben wir allen Wörtern und Sätzen eine Lautschrift beigefügt. Die französische Lautschrift steht im Wörterbuchteil unmittelbar neben dem Wort. Die deutsche Lautschrift finden Sie im alphabetischen Index. Eine Übersicht über die französischen und deutschen Phonetikzeichen finden Sie jeweils auf der ersten und der letzen Seite des Buches.

4. Ganz ohne Worte

Sollten Ihnen doch mal die Worte fehlen, zeigen Sie einfach auf das entsprechende Bild. So können Sie sich überall auf der Welt ganz ohne Sprache verständigen.

Das sollten Sie noch wissen

Die Wörter in diesem Wörterbuch stehen immer in der Einzahl, es sei denn sie werden in der Regel nur in der Pluralform verwendet.

Es war uns wichtig, bei Funktions- und Berufsbezeichnungen Männer und Frauen gleichermaßen und gleichberechtigt zu berücksichtigen. Da wir aber aus Platzgründen nicht immer beide Geschlechter gleichzeitig abbilden können, orientiert sich das Geschlecht des Wortes immer am Geschlecht der abgebildeten Figur.

Avec les 1 500 termes les plus utiles, ce dictionnaire est votre compagnon idéal dans la vie quotidienne. Voici les conseils les plus importants pour tirer profit au maximum de ce livre.

1. Traduire rapidement

Ce dictionnaire est organisé selon les neuf principaux champs thématiques de la vie de tous les jours. Que ce soit à la maison, en voyage ou au travail, feuilletez le chapitre correspondant et vous y trouverez d'un coup d'œil les mots dont vous avez besoin. Vous cherchez un terme très précis ? Consultez simplement l'index alphabétique à la fin.

2. Les phrases les plus importantes

Outre la simple correspondance entre le mot et l'image, les neuf chapitres contiennent aussi des phrases pour les situations les plus courantes.

3. Prononcer correctement

Pour que vous puissiez prononcer chaque mot correctement, nous avons ajouté à tous les mots et toutes les phrases une transcription phonétique. La phonétique française accompagne le mot dans la partie dictionnaire. La phonétique allemande figure dans l'index alphabétique. Vous trouverez les tableaux des signes phonétiques français et allemands en première et en dernière page de ce livre.

4. Sans prononcer un mot

Si les mots devaient un jour vous manquer, montrez simplement l'image correspondante. Vous pourrez ainsi vous faire comprendre partout dans le monde sans avoir besoin de parler.

Ce que vous devez aussi savoir

Dans ce dictionnaire, les mots-clés sont toujours au singulier, sauf quand ils sont, en règle générale, seulement employés à la forme du pluriel.

Pour les désignations de fonctions et de professions, il était important pour nous de considérer les hommes et les femmes de la même façon et de tenir compte de l'égalité de leurs droits. Comme le manque de place ne nous permettait pas de toujours représenter les deux sexes en même temps, le genre du mot correspond toujours au sexe du personnage représenté.

FAMILIE UND FREUNDSCHAFT
FAMILLE ET AMIS

DIE FAMILIE – LA FAMILLE

der Schwiegervater
le **beau-père**
[bopɛʀ]

die Schwiegermutter
la **belle-mère**
[bɛlmɛʀ]

die Schwägerin
la **belle-sœur**
[bɛlsœʀ]

der Schwager
le **beau-frère**
[bofʀɛʀ]

der Ehemann
le **mari**
[maʀi]

die Ehefrau
l'épouse
[epuz]

der Schwiegersohn
le **gendre**
[ʒɑ̃dʀ]

die Tochter
la **fille**
[fij]

der Sohn
le **fils**
[fis]

der Enkel
le **petit-fils**
[p(ə)tifis]

die Enkelin
la **petite-fille**
[p(ə)titfij]

DIE FAMILIE – LA FAMILLE

der Großvater
le **grand-père**
[gʀɑ̃pɛʀ]

die Großmutter
la **grand-mère**
[gʀɑ̃mɛʀ]

die Mutter
la **mère**
[mɛʀ]

der Vater
le **père**
[pɛʀ]

die Tante
la **tante**
[tɑ̃t]

der Onkel
l'oncle
[ɔ̃kl]

die Schwester
la **sœur**
[sœʀ]

der Bruder
le **frère**
[fʀɛʀ]

die Cousine
la **cousine**
[kuzin]

die Nichte
la **nièce**
[njɛs]

der Neffe
le **neveu**
[n(ə)vø]

BEZIEHUNGEN - RELATIONS

das Baby
le **bébé**
[bebe]

das Kind
l'enfant
[ɑ̃fɑ̃]

die Frau
la **femme**
[fam]

Frau ...
Madame ...
[madam]

die Jugendliche
l'adolescente
[adɔlesɑ̃t]

die Zwillinge
les **jumelles**
[ʒymɛl]

das Paar
le **couple**
[kupl]

die Freundin
l'amie
[ami]

der Freund
l'ami
[ami]

der/die Verwandte	le/la **parent/e** [paʀɑ̃/paʀɑ̃t]
die Großeltern	les **grands-parents** [gʀɑ̃paʀɑ̃]
die Eltern	les **parents** [paʀɑ̃]
das Ehepaar	le **couple** [kupl]
ledig	**célibataire** [selibatɛʀ]
verheiratet	**marié** [maʀie]
geschieden	**divorcé** [divɔʀse]
verwitwet	**veuf** [vœf]
verwandt	**apparenté** [apaʀɑ̃te]

Herr ...
Monsieur ...
[məsjø]

der Mann
l'homme
[ɔm]

BEZIEHUNGEN – RELATIONS

der Junge
le **(jeune) garçon**
[(ʒœn) gaʀsɔ̃]

das Mädchen
la **(jeune) fille**
[(ʒœn) fij]

die Freunde
les **amis**
[ami]

jemanden vorstellen
présenter quelqu'un
[pʀezɑ̃tekɛlkœ̃]

jemanden begrüßen
saluer quelqu'un
[salɥekɛlkœ̃]

sich die Hand geben
se serrer la main
[sə seʀe la mɛ̃]

sich verbeugen
s'incliner
[sɛ̃kline]

sich umarmen
s'embrasser
[sɑ̃bʀase]

der/die Bekannte
la **connaissance**
[kɔnɛsɑ̃s]

der Erwachsene	l'**adulte** [adylt]
die Geschwister	les **frères et sœurs** [fʀɛʀ(z)esœʀ]
der Patenonkel	le **parrain** [paʀɛ̃]
die Patentante	la **marraine** [maʀɛn]
der Stiefvater	le **beau-père** [bopɛʀ]
die Stiefmutter	la **belle-mère** [bɛlmɛʀ]
der Stiefbruder	le **demi-frère** [d(ə)mifʀɛʀ]
die Stiefschwester	la **demi-sœur** [d(ə)misœʀ]
der Nachbar	le **voisin** [vwazɛ̃]
die Nachbarin	la **voisine** [vwazin]

BEZIEHUNGEN - RELATIONS

jemandem einen Kuss geben
embrasser quelqu'un
[ãbʀasekɛlkœ̃]

sich verabschieden
prendre congé
[pʀɑ̃dʀ(ə)kɔ̃ʒe]

winken
faire signe
[fɛʀsiɲ]

lachen
rire
[ʀiʀ]

weinen
pleurer
[plœʀe]

jemanden anrufen
téléphoner à quelqu'un
[telefɔneakɛlkœ̃]

das kleine Geschenk
le **petit cadeau**
[p(ə)ti kado]

die Hochzeit
le **mariage**
[maʀjaʒ]

der Geburtstag
l'anniversaire
[anivɛʀsɛʀ]

Hallo!	**Salut!** [saly]
Guten Tag!	**Bonjour!** [bɔ̃ʒuʀ]
Guten Abend!	**Bonsoir!** [bɔ̃swaʀ]
Wie heißt du?	**Comment tu t'appelles?** [kɔmɑ̃tytapɛl]
Wie heißen Sie?	**Comment vous appelez-vous?** [kɔmɑ̃vuzaplevu]
Ich heiße ...	**Je m'appelle ...** [ʒ(ə)mapɛl]
Herzlich willkommen!	**Bienvenue!** [bjɛ̃v(ə)ny]
Tschüss!	**Salut!** [saly]
Auf Wiedersehen!	**Au revoir!** [oʀ(ə)vwaʀ]

WOHNUNG UND HAUSHALT
LOGEMENT ET INTÉRIEUR

DIE WOHNUNG – L'APPARTEMENT

das Einfamilienhaus
la **maison individuelle**
[mɛzɔ̃ɛ̃dividɥɛl]

das Mehrfamilienhaus
l'immeuble
[imœbl]

der Briefkasten
la **boîte à lettres**
[bwatalɛtʀ]

die Türklingel
la **sonnette d'entrée**
[sɔnɛtdɑ̃tʀe]

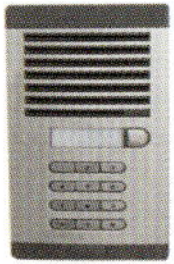

die Sprechanlage
l'interphone
[ɛ̃tɛʀfɔn]

die Hausnummer
le **numéro de la maison**
[nymeʀod(ə)lamɛzɔ̃]

der Hausschlüssel
la **clé de la maison**
[kled(ə)lamɛzɔ̃]

das Türschloss
la **serrure**
[seʀyʀ]

der Fußabtreter
le **paillasson**
[pajasɔ̃]

die Eigentumswohnung	**l'appartement en copropriété** [apaʀtəmɑ̃ ɑ̃ kopʀɔpʀijete]
die Mietwohnung	le **logement en location** [lɔʒmɑ̃ ɑ̃ lɔkasjɔ̃]
der Hof	la **cour** [kuʀ]
das Eigentum	la **propriété** [pʀɔpʀijete]
das Grundstück	le **terrain** [teʀɛ̃]
der Umbau	la **transformation** [tʀɑ̃sfɔʀmasjɔ̃]
der Anbau	**l'aggrandissement** [agʀɑ̃dismɑ̃]
zu verkaufen	**à vendre** [avɑ̃dʀ]

DIE WOHNUNG – L'APPARTEMENT

der Hausmeister
le **concierge**
[kɔ̃sjɛʀʒ]

der Dachboden
le **grenier**
[gʀənje]

der Keller
la **cave**
[kav]

der Flur
le **vestibule**
[vɛstibyl]

der Aufzug
l'ascenseur
[asɑ̃sœʀ]

die Garage
le **garage**
[gaʀaʒ]

der Rauchmelder
le **détecteur de fumée**
[detɛktœʀd(ə)fyme]

das Treppenhaus
la **cage d'escalier**
[kaʒdɛskalje]

mieten	**louer** [lwe]
die Miete	le **loyer** [lwaje]
vermieten	**louer** [lwe]
der Vermieter	le **propriétaire** [pʀɔpʀijetɛʀ]
die Vermieterin	la **propriétaire** [pʀɔpʀijetɛʀ]
der Mieter	le **locataire** [lɔkatɛʀ]
die Mieterin	la **locataire** [lɔkatɛʀ]
die Kaution	la **caution** [kosjɔ̃]

der Mietvertrag
le **contrat de location**
[kɔ̃tʀad(ə)lɔkasjɔ̃]

DAS HAUS – LA MAISON

das Dachfenster
la **fenêtre mansardée**
[f(ə)nɛtʀ(ə)mɑ̃saʀde]

der Schornstein
la **cheminée**
[ʃ(ə)mine]

die Dachrinne
la **gouttière**
[gutjɛʀ]

der Dachziegel
la **tuile**
[tɥil]

die Dachgaube
la **lucarne**
[lykaʀn]

der erste Stock
le **premier étage**
[pʀəmjeʀetaʒ]

das Dach
le **toit**
[twa]

der Balkon
le **balcon**
[balkɔ̃]

die Türschwelle
le **seuil (de la porte)**
[sœj (d(ə)lapɔʀt)]

die Haustür
la **porte d'entrée**
[pɔʀt(ə)dɑ̃tʀe]

das Fenster
la **fenêtre**
[f(ə)nɛtʀ]

das Erdgeschoss
le **rez-de-chaussée**
[ʀed(ə)ʃose]

die Terrasse
la **terrasse**
[teʀas]

das Schlüsselbrett
le **tableau des clés**
[tablodekle]

der Kleiderhaken
la **patère**
[patɛʀ]

der Kleiderbügel
le **cintre**
[sɛ̃tʀ]

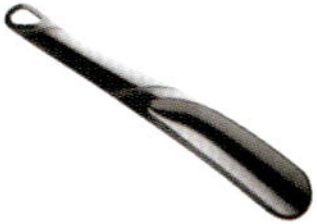

der Schuhlöffel
le **chausse-pied**
[ʃospje]

das Bücherregal
l'étagère
[etaʒɛʀ]

die Vitrine
la **vitrine**
[vitʀin]

die Fernsehbank
le **meuble de télévision**
[mœbl(ə)dətelevizjɔ̃]

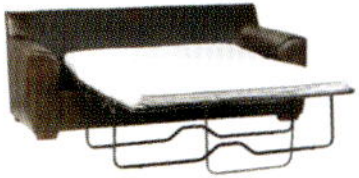

die Schlafcouch
le **canapé-lit**
[kanapeli]

die Blumenvase
le **vase à fleurs**
[vazaflœʀ]

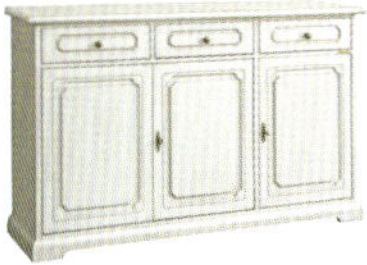

die Anrichte
le **buffet**
[byfɛ]

der Hochstuhl
la **chaise haute**
[ʃɛz´ot]

die Wanduhr
l'horloge
[ɔʀlɔʒ]

DAS WOHNZIMMER – LA SALLE DE SÉJOUR

der Spiegel
le **miroir**
[miʀwaʀ]

der Vorhang
le **rideau** [ʀido]

der Ventilator
le **ventilateur**
[vɑ̃tilatœʀ]

die Decke
le **plafond** [plafɔ̃]

das Sofa
le **canapé**
[kanape]

die Lampe
la **lampe**
[lɑ̃p]

der Beistellschrank
l'armoire d'appoint
[aʀmwaʀdapwɛ̃]

der Kamin
la **cheminée**
[ʃ(ə)mine]

der Sessel
le **fauteuil**
[fotœj]

der Couchtisch
la **table de salon**
[tabl(ə)dəsalɔ̃]

der Teppichboden
la **moquette**
[mɔkɛt]

DAS ESSZIMMER – LA SALLE À MANGER

das Rollo
le **store (enrouleur)**
[stɔʀ (ɑ̃ʀulœʀ)]

der Kronleuchter
le **lustre**
[lystʀ]

der Stuhl
la **chaise**
[ʃɛz]

die Vitrine
la **vitrine**
[vitʀin]

die Zimmerpflanze
la **plante d'appartement**
[plɑ̃tdapaʀtəmɑ̃]

das Fensterbrett
le **rebord de la fenêtre**
[ʀ(ə)bɔʀ d(ə) la f(ə)nɛtʀ]

der Esstisch
la **table (de salle à manger)**
[tabl (dəsalamɑ̃ʒe)]

der Tischläufer
le **chemin de table**
[ʃ(ə)mɛ̃dətabl]

die Tischdekoration
la **décoration de table**
[dekɔʀasjɔ̃dətabl]

die Kerze
la **bougie**
[buʒi]

der Holzboden
le **parquet**
[paʀkɛ]

DIE KÜCHE – LA CUISINE

die Einbauküche
la **cuisine équipée**
[kɥizinekipe]

die Spülmaschine
le **lave-vaisselle**
[lavvɛsɛl]

die Arbeitsplatte
le **plan de travail**
[plɑ̃d(ə)tʀavaj]

der Hängeschrank
le **placard haut**
[plakaʀ´o]

die Dunstabzugshaube
la **hotte aspirante**
[´ɔtaspiʀɑ̃t]

der Herd
la **cuisinière**
[kɥizinjɛʀ]

der Backofen
le **four**
[fuʀ]

das Spülbecken
l'évier
[evje]

der Küchenhocker
le **tabouret de cuisine**
[tabuʀɛd(ə)kɥizin]

die Schublade
le **tiroir**
[tiʀwaʀ]

der Gefrierschrank
le **congélateur**
[kɔ̃ʒelatœʀ]

der Kühlschrank
le **réfrigérateur**
[ʀefʀiʒeʀatœʀ]

DIE KÜCHE – LA CUISINE

die Mikrowelle
le **(four à) micro-ondes**
[(fuʀa) mikʀoɔ̃d]

der Mixer
le **mixeur**
[miksœʀ]

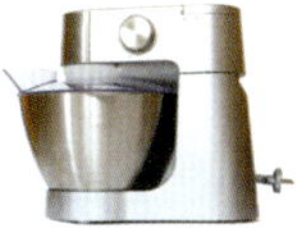

die Küchenmaschine
le **robot de cuisine**
[ʀɔbod(ə)kɥizin]

das Handrührgerät
le **batteur**
[batœʀ]

der Wasserkocher
la **bouilloire**
[bujwaʀ]

der Toaster
le **grille-pain**
[gʀijpɛ̃]

die Küchenwaage
la **balance de cuisine**
[balɑ̃sd(ə)kɥizin]

der Reiskocher
le **cuiseur à riz**
[kɥizœʀaʀi]

die Kaffeemaschine
la **cafetière électrique**
[kaftjɛʀelɛktʀik]

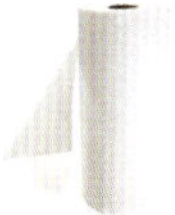

das Küchenpapier
l'essuie-tout
[esɥitu]

die Schürze
le **tablier**
[tablije]

das Backblech
la **plaque de four**
[plakd(ə)fuʀ]

DIE KÜCHE – LA CUISINE

das Tablett
le **plateau**
[plato]

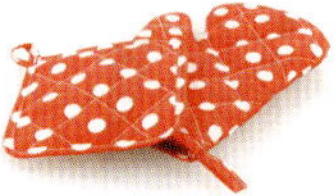

der Topfhandschuh
le **gant de cuisine**
[gɑ̃d(ə)kɥizin]

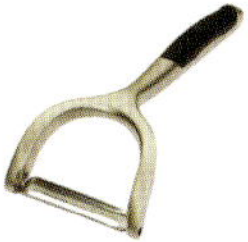

der Schäler
l'épluche-légumes
[eplyʃlegym]

das Schneidebrett
la **planche à découper**
[plɑ̃ʃadekupe]

das Küchenmesser
le **couteau de cuisine**
[kutod(ə)kɥizin]

das Küchensieb
la **passoire**
[pɑswaʀ]

der Dosenöffner
l'ouvre-boîte
[uvʀəbwat]

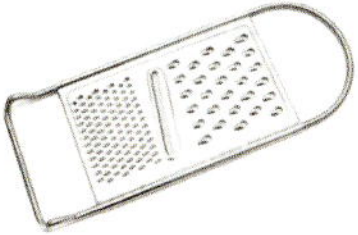

die Reibe
la **râpe**
[ʀɑp]

der Kochlöffel
la **cuillère en bois**
[kɥijɛʀɑ̃bwɑ]

die Bratpfanne
la **sauteuse**
[sotøz]

der Wok
le **wok**
[wɔk]

der Kochtopf
le **faitout**
[fɛtu]

DAS SCHLAFZIMMER – LA CHAMBRE À COUCHER

das Doppelbett
le **lit à deux places**
[li a dø plas]

das Kopfkissen
l'oreiller
[ɔʀeje]

der Kissenbezug
la **taie d'oreiller**
[tɛdɔʀeje]

die Nachttischlampe
la **lampe de chevet**
[lɑ̃pdəʃ(ə)vɛ]

die Kommode
la **commode**
[kɔmɔd]

die Bettdecke
la **couverture**
[kuvɛʀtyʀ]

das Laken
le **drap**
[dʀa]

der Teppich
le **tapis**
[tapi]

der Hocker
le **tabouret**
[tabuʀɛ]

die Matratze
le **matelas**
[matlɑ]

der Nachttisch
la **table de chevet**
[tabl(ə)dəʃ(ə)vɛ]

DAS KINDERZIMMER – LA CHAMBRE D'ENFANT(S)

der Ball
la **balle**
[bal]

die Puppe
la **poupée**
[pupe]

die Wickeltasche
le **sac pour accessoires de bébé**
[sak puʀ akseswaʀ də bebe]

der Kinderwagen
le **landau**
[lɑ̃do]

das Babyfon®
l'interphone pour bébé
[ɛ̃tɛʀfɔn puʀ bebe]

der Laufstall
le **parc**
[paʀk]

das Töpfchen
le **pot**
[po]

die Babytragetasche
la **nacelle**
[nasɛl]

der Schulranzen
le **cartable**
[kaʀtabl]

das Bauklötzchen
la **pièce de jeu de construction**
[pjɛs də ʒø d(ə) kɔ̃stʀyksjɔ̃]

der Babyschlafsack
la **dormeuse**
[dɔʀmøz]

die Rassel
le **hochet**
[ɔ̃ʃɛ]

DAS BADEZIMMER – LA SALLE DE BAINS

der Spiegel
le **miroir**
[miʀwaʀ]

das Waschbecken
le **lavabo**
[lavabo]

die Dusche
la **douche** [duʃ]

das Handtuch
la **serviette de toilette**
[sɛʀvjɛtdətwalɛt]

der Wasserhahn
le **robinet** [ʀɔbinɛ]

die Badewanne
la **baignoire**
[bɛɲwaʀ]

die Toilette
les **W.-C.**
[vese]

der Klostein
le **bloc désodorisant**
[blɔkdezɔdɔʀizɑ̃]

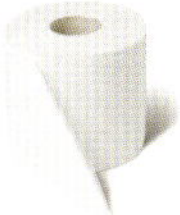

das Toilettenpapier
le **papier hygiénique**
[papjeiʒjenik]

die Klobürste
la **brosse à W.-C.**
[bʀɔsavese]

DIE WASCHKÜCHE – LA BUANDERIE

die Waschmaschine
le **lave-linge**
[lavlɛ̃ʒ]

der Fleckenentferner
le **détachant**
[detaʃɑ̃]

das Bleichmittel
l'agent blanchissant
[aʒɑ̃blɑ̃ʃisɑ̃]

der Weichspüler
l'assouplissant
[asuplisɑ̃]

das Waschpulver
la **lessive en poudre**
[lesivɑ̃pudʀ]

die Wäscheleine
la **corde à linge**
[kɔʀdalɛ̃ʒ]

die Wäscheklammer
la **pince à linge**
[pɛ̃salɛ̃ʒ]

das Bügeleisen
le **fer à repasser**
[fɛʀaʀ(ə)pɑse]

das Bügelbrett
la **planche à repasser**
[plɑ̃ʃaʀ(ə)pɑse]

die Waschmaschine füllen	**remplir le lave-linge** [ʀɑ̃pliʀləlavlɛ̃ʒ]
die Wäsche waschen	**laver le linge** [lavləlɛ̃ʒ]
die Wäsche schleudern	**essorer le linge** [esɔʀeləlɛ̃ʒ]
der Wäscheständer	le **séchoir (à linge)** [seʃwaʀ (alɛ̃ʒ)]
der Wäschetrockner	le **sèche-linge** [sɛʃlɛ̃ʒ]
der Schmutzwäschekorb	la **corbeille à linge sale** [kɔʀbɛjalɛ̃ʒsal]
die Wäsche zum Trocknen aufhängen	**étendre le linge** [etɑ̃dʀləlɛ̃ʒ]
bügeln	**repasser** [ʀ(ə)pɑse]

REINIGUNGSARTIKEL – ARTICLES MÉNAGERS

das Reinigungsmittel
le **produit d'entretien**
[pʀɔdɥidɑ̃tʀətjɛ̃]

das Spülmittel
le **produit pour la vaisselle**
[pʀɔdɥi puʀ la vesɛl]

die Bürste
la **brosse**
[bʀɔs]

die Sprühflasche
le **vaporisateur**
[vapɔʀizatœʀ]

der Gummiwischer
la **raclette (en caoutchouc)**
[ʀaklɛt (ɑ̃kautʃu)]

die Kehrschaufel
la **pelle à ordures**
[pɛlaɔʀdyʀ]

der Handfeger
la **balayette**
[balɛjɛt]

der Wischmopp
le **balai à franges**
[balɛafʀɑ̃ʒ]

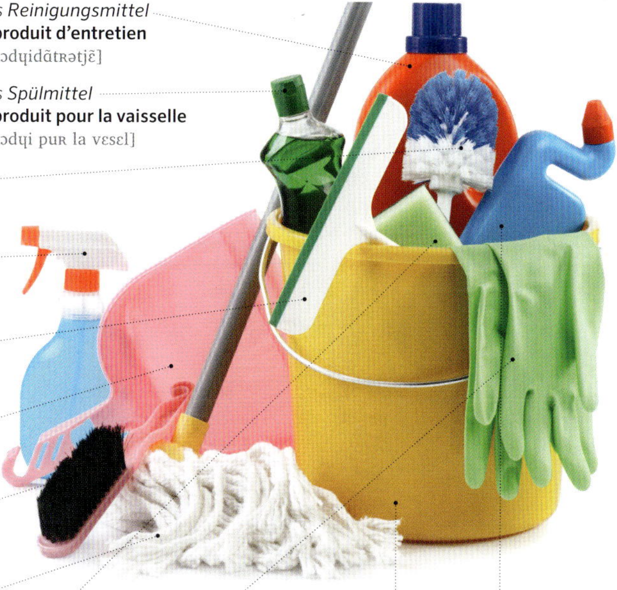

der Schwamm
l'éponge
[epɔ̃ʒ]

der Gummihandschuh
le **gant en caoutchouc**
[gɑ̃ɑ̃kautʃu]

der Eimer
le **seau**
[so]

der WC-Reiniger
le **détersif pour W.-C.**
[detɛʀsif puʀ vese]

DIE HEIMWERKSTATT – L'ATELIER DE BRICOLAGE

die Handsäge
la **scie à main**
[siamɛ̃]

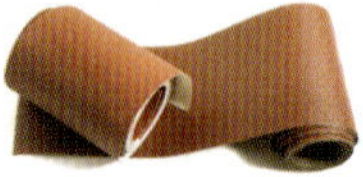

das Schleifpapier
le **papier de verre**
[papjed(ə)vɛʀ]

das Teppichmesser
le **cutter (à moquette)**
[kœtœʀ (amɔkɛt)]

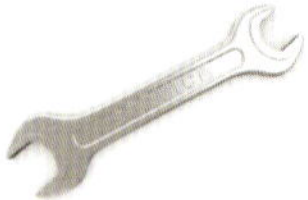

der Schraubenschlüssel
la **clé (à écrous)**
[kle (aekʀu)]

das Maßband
le **mètre à ruban**
[mɛtʀaʀybɑ̃]

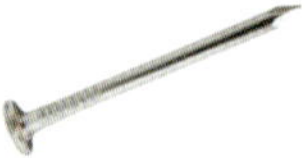

der Nagel
le **clou**
[klu]

der Hammer
le **marteau**
[maʀto]

die Wasserwaage
le **niveau à eau**
[nivoao]

die Kombizange
la **pince universelle**
[pɛ̃synivɛʀsɛl]

der Schraubenzieher
le **tournevis**
[tuʀnəvis]

die Schraube
la **vis**
[vis]

die Mutter
l'écrou
[ekʀu]

DIE HEIMWERKSTATT – L'ATELIER DE BRICOLAGE

der Akkubohrer
la **perceuse à accu**
[pɛʀsøzaaky]

der Akku
l'accu(mulateur)
[aky(mylatœʀ)]

der Bohrer
la **perceuse**
[pɛʀsøz]

der Elektrobohrer
la **perceuse électrique**
[pɛʀsøzelɛktʀik]

der Besen
le **balai**
[balɛ]

der Müllbeutel
le **sac à ordures**
[sakaɔʀdyʀ]

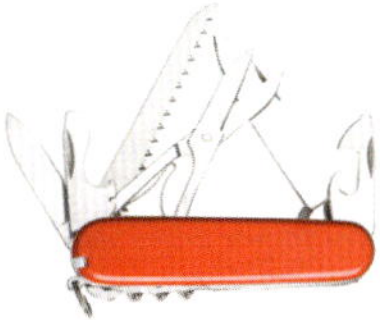

das Taschenmesser
le **couteau de poche**
[kutod(ə)pɔʃ]

der Inbusschlüssel
la **clé (mâle) à six pans**
[kle (mɑl) a si pɑ̃]

DIE HEIMWERKSTATT – L'ATELIER DE BRICOLAGE

das Verdünnungsmittel
le **(produit) diluant**
[(pʀɔdɥi) dilɥɑ̃]

der Flachpinsel
le **pinceau plat**
[pɛ̃sopla]

die Farbwanne
le **bac à peinture**
[bakapɛ̃tyʀ]

der/die Spachtel
la **spatule**
[spatyl]

tapezieren
tapisser
[tapise]

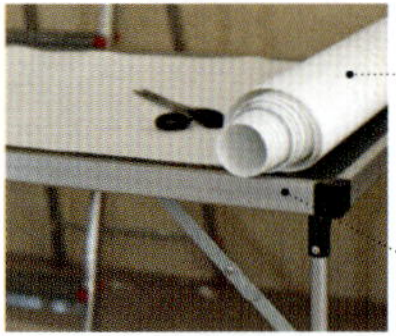

die Tapetenrolle
le **rouleau de tapisserie**
[ʀulod(ə)tapisʀi]

der Tapeziertisch
la **table à tapisser**
[tablatapise]

das Abdeckband
le **ruban adhésif**
[ʀybɑ̃adezif]

die Farbe
la **peinture**
[pɛ̃tyʀ]

der Werkzeugkasten
la **caisse à outils**
[kɛsauti]

kacheln	**carreler** [kaʀle]
verputzen	**enduire** [ɑ̃dɥiʀ]
spachteln	**mastiquer (à la spatule)** [mastike (alaspatyl)]
die Tapete entfernen	**enlever la tapisserie** [ɑ̃lvelatapisʀi]
die Abdeckfolie	le **film de protection** [filmdəpʀɔtɛksjɔ̃]
die Spachtelmasse	le **mastic** [mastik]
das Lösungsmittel	le **(produit) dissolvant** [(pʀɔdɥi) disɔlvɑ̃]
das Versiegelungsmittel	le **produit d'étanchéité** [pʀɔdɥidetɑ̃ʃeite]

STROM UND HEIZUNG – CHAUFFAGE ET ÉLECTRICITÉ

der Heizkörper
le **radiateur**
[ʀadjatœʀ]

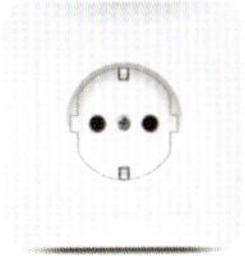

die Steckdose
la **prise (de courant)**
[pʀiz (dəkuʀɑ̃)]

der Stecker
la **fiche (d'alimentation)**
[fiʃ (dalimɑ̃tasjɔ̃)]

das Verlängerungskabel
la **rallonge**
[ʀalɔ̃ʒ]

die Sicherung
le **fusible**
[fyzibl]

der Stromzähler
le **compteur électrique**
[kɔ̃tœʀelɛktʀik]

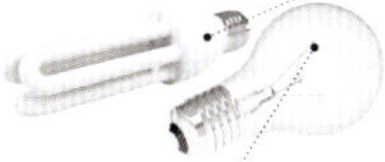

die Energiesparlampe
l'ampoule à faible consommation
[ɑ̃pul a fɛbl kɔ̃sɔmasjɔ̃]

die Glühbirne
l'ampoule
[ɑ̃pul]

die Heizung anschalten/ ausschalten	**mettre/couper le chauffage** [mɛtʀ/kupe ləʃofaʒ]
die Solarheizung	le **chauffage solaire** [ʃofaʒsɔlɛʀ]
die Zentralheizung	le **chauffage central** [ʃofaʒsɑ̃tʀal]
die Fußbodenheizung	le **chauffage par le sol** [ʃofaʒpaʀləsɔl]
der Sicherungskasten	le **coffret de coupe-circuits** [kɔfʀɛ d(ə) kupsiʀkɥi]
die Leitung	la **ligne** [liɲ]
der Adapter	**l'adaptateur** [adaptatœʀ]

der Schalter
l'interrupteur
[ɛ̃teʀyptœʀ]

die Mehrfachsteckdose
la **prise multiple**
[pʀizmyltipl]

DER GARTEN – LE JARDIN

der Gartenschlauch
le **tuyau d'arrosage**
[tɥijodaʀozaʒ]

die Rosenschere
le **sécateur**
[sekatœʀ]

der Spaten
la **bêche**
[bɛʃ]

der Rechen
le **rateau**
[ʀɑto]

der Rasenmäher
la **tondeuse à gazon**
[tɔ̃døzagɑzɔ̃]

die Schubkarre
la **brouette**
[bʀuɛt]

den Rasen mähen
tondre la pelouse
[tɔ̃dʀlap(ə)luz]

Unkraut jäten
arracher les mauvaises herbes [aʀaʃe le movɛz (z)ɛʀb]

zurückschneiden
rabattre
[ʀabatʀ]

düngen	**mettre de l'engrais** [mɛtʀ(ə)dəlɑ̃gʀɛ]
ernten	**récolter** [ʀekɔlte]
züchten	**cultiver** [kyltive]
vermehren	**multiplier** [myltiplije]
gießen	**arroser (à l'arrosoir)** [aʀoze (alaʀozwaʀ)]
der Sämling	le **semis** [s(ə)mi]
der Dünger	**l'engrais** [ɑ̃gʀɛ]
der Unkrautvernichter	**l'herbicide** [ɛʀbisid]

STRASSE UND SCHIENE
ROUTE ET RAILS

STRASSEN UND VERKEHR - RUES, ROUTES ET CIRCULATION

① *die Straßenlaterne*
le **réverbère**
[ʀevɛʀbɛʀ]

② *die Fußgängerampel*
les **feux pour piétons**
[fø puʀ pjetɔ̃]

③ *der Bürgersteig*
le **trottoir**
[tʀɔtwaʀ]

④ *die Ampel*
les **feux (de circulation)**
[fø (d(ə)siʀkylasjɔ̃)]

⑤ *die Fahrspur*
la **voie (de circulation)**
[vwa (d(ə)siʀkylasjɔ̃)]

der Tunnel
le **tunnel**
[tynɛl]

der Zebrastreifen
le **passage protégé pour piétons** [pɑsaʒ pʀɔteʒe puʀ pjetɔ̃]

die Brücke
le **pont**
[pɔ̃]

der Kreisverkehr
le **rond-point**
[ʀɔ̃pwɛ̃]

STRASSEN UND VERKEHR – RUES, ROUTES ET CIRCULATION

die Autobahn
l'**autoroute**
[otoʀut]

① *der Mittelstreifen*
la **ligne médiane**
[liɲmedjan]

② *die Überholspur*
la **voie de gauche**
[vwad(ə)goʃ]

③ *die Überführung*
le **passage supérieur**
[pɑsaʒsypeʀjœʀ]

④ *die Unterführung*
le **passage souterrain**
[pɑsaʒsuteʀɛ̃]

⑤ *die Einfahrt*
l'**entrée**
[ɑ̃tʀe]

⑥ *die Ausfahrt*
la **sortie**
[sɔʀti]

die Kreuzung	le **croisement** [kʀwazmɑ̃]
die Vorfahrt	la **priorité** [pʀijɔʀite]
die Geschwindigkeitsüberschreitung	l'**excès de vitesse** [ɛksɛd(ə)vitɛs]
anhalten	**s'arrêter** [saʀete]
der Standstreifen	la **bande d'arrêt d'urgence** [bɑ̃d daʀɛ dyʀʒɑ̃s]
die Raststätte	l'**aire de repos** [ɛʀdəʀ(ə)po]
die Entfernungstafel	le **panneau des distances** [panodedistɑ̃s]
rückwärtsfahren	**reculer** [ʀ(ə)kyle]

der Stau
l'**embouteillage**
[ɑ̃butɛjaʒ]

STRASSEN UND VERKEHR – RUES, ROUTES ET CIRCULATION

Einfahrt verboten
entrée interdite
[ɑ̃tʀeɛ̃tɛʀdit]

das Halteverbot
l'interdiction de s'arrêter [ɛ̃tɛʀdiksjɔ̃ d(ə) saʀete]

Einbiegen nach rechts verboten
interdiction de tourner à droite
[ɛ̃tɛʀdiksjɔ̃ də tuʀne a dʀwat]

Einbiegen nach links verboten
interdiction de tourner à gauche
[ɛ̃tɛʀdiksjɔ̃ də tuʀne a goʃ]

Wenden verboten
interdiction de faire demi-tour [ɛ̃tɛʀdiksjɔ̃ d(ə) fɛʀ d(ə)mituʀ]

die Baustelle
le **chantier**
[ʃɑ̃tje]

der Gegenverkehr
le **trafic en sens inverse**
[tʀafik ɑ̃ sɑ̃s ɛ̃vɛʀs]

das Gefälle
la **pente**
[pɑ̃t]

die Schnee- oder Eisglätte
le **verglas**
[vɛʀglɑ]

die Geschwindigkeits-begrenzung
la **limitation de vitesse**
[limitasjɔ̃d(ə)vitɛs]

Vorfahrt gewähren!
laisser la priorité
[lese la pʀijɔʀite]

die Einbahnstraße
la **rue à sens unique**
[ʀy a sɑ̃s ynik]

DAS AUTO – LA VOITURE

die Beifahrerseite
le **côté (du) passager**
[kote(dy)pɑsaʒe]

das Dach
le **toit**
[twa]

die Windschutzscheibe
le **pare-brise**
[paʀbʀiz]

die Fahrerseite
le **côté (du) chauffeur**
[kote(dy)ʃofœʀ]

das Blinklicht
le **(feu) clignotant**
[(fø) kliɲɔtã]

der Rückspiegel
le **rétroviseur**
[ʀetʀɔvizœʀ]

das Rad
la **roue**
[ʀu]

der Scheibenwischer
l'essuie-glace
[esɥiglas]

der Kühlergrill
la **calandre**
[kalɑ̃dʀ]

die Stoßstange
le **pare-chocs**
[paʀʃɔk]

das Nummernschild
la **plaque minéralogique**
[plakmineʀalɔʒik]

der Nebelscheinwerfer
le **feu de brouillard**
[fød(ə)bʀujaʀ]

DAS AUTO – LA VOITURE

① *die Motorhaube*
le **capot**
[kapo]

② *der Seitenspiegel*
le **rétroviseur extérieur**
[ʀetʀɔvizœʀɛksteʀjœʀ]

③ *die Autotür*
la **portière**
[pɔʀtjɛʀ]

④ *die Radkappe*
l'**enjoliveur**
[ɑ̃ʒɔlivœʀ]

⑤ *der Kofferraum*
le **coffre**
[kɔfʀ]

⑥ *der Scheinwerfer*
le **phare**
[faʀ]

⑦ *die Bremsleuchte*
le **feu de stop**
[fød(ə)stɔp]

⑧ *die Rückleuchte*
le **feu arrière**
[føaʀjɛʀ]

⑨ *der Reifen*
le **pneu**
[pnø]

⑩ *das Seitenfenster*
la **fenêtre latérale**
[f(ə)nɛtʀlateʀal]

⑪ *der Rückfahrschein-werfer*
le **phare de recul**
[faʀdəʀ(ə)kyl]

⑫ *der Türgriff*
la **poignée de la portière**
[pwaɲed(ə)lapɔʀtjɛʀ]

DAS AUTO – LA VOITURE

① *der Seitenspiegel*
le **rétroviseur extérieur**
[ʀetʀɔvizœʀɛkstɛʀjœʀ]

② *das Armaturenbrett*
le **tableau de bord**
[tablod(ə)bɔʀ]

③ *das Handschuhfach*
la **boîte à gants**
[bwatagɑ̃]

④ *der Beifahrersitz*
le **siège du passager**
[sjɛʒdypɑsaʒe]

⑤ *der Schalthebel*
le **levier de vitesses**
[ləvjed(ə)vitɛs]

⑥ *die Handbremse*
le **frein à main**
[fʀɛ̃amɛ̃]

⑦ *der Fahrersitz*
le **siège du chauffeur**
[sjɛʒdyʃofœʀ]

⑧ *das Lenkrad*
le **volant**
[vɔlɑ̃]

die Fußstütze	le **repose-pied** [ʀ(ə)pozpje]
das Kupplungspedal	la **pédale d'embrayage** [pedaldɑ̃bʀɛjaʒ]
das Bremspedal	la **pédale de frein** [pedaldəfʀɛ̃]
das Gaspedal	**l'accélérateur** [akseleʀatœʀ]
der Sicherheitsgurt	la **ceinture de sécurité** [sɛ̃tyʀdəsekyʀite]
die Kopfstütze	**l'appuie-tête** [apɥitɛt]
der Airbag	**l'airbag** [ɛʀbag]
die Hupe	**l'avertisseur** [avɛʀtisœʀ]

der Blinkerhebel
le **commutateur des (feux) clignotants**
[kɔmytatœʀ de (fø) kliɲɔtɑ̃]

DAS AUTO – LA VOITURE

die Preisanzeige
l'affichage du prix
[afiʃaʒdypʀi]

die Literanzeige
l'affichage du volume
[afiʃaʒdyvɔlym]

der Feuerlöscher
l'extincteur
[ɛkstɛ̃ktœʀ]

die Zapfsäule
la **pompe à essence**
[pɔ̃paesɑ̃s]

das Reifenfüllgerät
le **manomètre**
[manɔmɛtʀ]

das Benzin
l'essence
[esɑ̃s]

bleifrei
sans plomb
[sɑ̃plɔ̃]

der Diesel
le **diesel**
[djezɛl]

verbleit
contenant du plomb
[kɔ̃t(ə)nɑ̃dyplɔ̃]

der Zapfschlauch
le **tuyau du distributeur**
[tɥijodydistʀibytœʀ]

tanken
prendre du carburant
[pʀɑ̃dʀ(ə)dykaʀbyʀɑ̃]

der Motor	le **moteur** [mɔtœʀ]
der Benzintank	le **réservoir d'essence** [ʀezɛʀvwaʀdesɑ̃s]
das Getriebe	la **boîte de vitesses** [bwatdəvitɛs]
der Kühler	le **radiateur** [ʀadjatœʀ]
der Ventilator	le **ventilateur** [vɑ̃tilatœʀ]
die Batterie	la **batterie** [batʀi]
der Auspufftopf	le **pot d'échappement** [podeʃapmɑ̃]
das Auspuffrohr	le **tuyau d'échappement** [tɥijodeʃapmɑ̃]

DAS AUTO – LA VOITURE

den Reifen wechseln
changer le pneu
[ʃɑ̃ʒeləpnø]

das Reserverad
la **roue de secours**
[ʀudəs(ə)kuʀ]

der Radmutternschlüssel
la **clé anglaise**
[kleɑ̃glɛz]

die Reifenpanne
la **crevaison**
[kʀəvɛzɔ̃]

der Verkehrsunfall	**l'accident de la circulation** [aksidɑ̃d(ə)lasiʀkylasjɔ̃]
Ich habe eine Panne.	**Je suis en panne.** [ʒə sɥi(z) ɑ̃ pan]
Könnten Sie bitte den Pannendienst anrufen?	**Pourriez-vous appeler le service de dépannage, s'il vous plaît?** [puʀjevu aple lə sɛʀvis də depanaʒ silvuplɛ]
Der Motor springt nicht an.	**Le moteur ne démarre pas.** [lə mɔtœʀ nə demaʀ pɑ]
das Starthilfekabel	le **câble de démarrage** [kɑbldədemaʀaʒ]
Könnten Sie mir Starthilfe geben?	**Pourriez-vous m'aider à démarrer?** [puʀjevu mede a demaʀe]
der Ersatzreifen	le **pneu de rechange** [pnødəʀ(ə)ʃɑ̃ʒ]
Könnten Sie mir beim Reifenwechseln helfen?	**Pourriez-vous m'aider à changer le pneu?** [puʀjevu mede a ʃɑ̃ʒe le pnø]

DER BUS – LE BUS

der Reisebus
le **car de tourisme**
[kaʀdətuʀism]

der Gepäckraum
la **soute à bagages**
[sutabagaʒ]

die Bushaltestelle
l'arrêt de bus
[aʀɛd(ə)bys]

das Wartehäuschen
l'abri-bus
[abʀibys]

der Fahrplan
l'horaire
[ɔʀɛʀ]

der Halteknopf
le **bouton de demande d'arrêt**
[butɔ̃ də d(ə)mɑ̃d daʀɛ]

die Halteschlaufe
la **dragonne**
[dʀagɔn]

der Schulbus
le **bus scolaire**
[bysskɔlɛʀ]

der Niederflurbus	le **bus surbaissé** [byssyʀbese]
der Busbahnhof	la **gare routière** [gaʀʀutjɛʀ]
der Linienbus	le **bus de ligne** [bysdəliɲ]
der Kleinbus	le **minibus** [minibys]
die Monatskarte	la **carte (d'abonnement) mensuelle** [kaʀt (dabɔnmɑ̃) mɑ̃sɥɛl]
der Fahrpreis	le **prix du trajet** [pʀidytʀaʒɛ]
die Fahrkarte	le **titre de transport** [titʀdətʀɑ̃spɔʀ]
der Fahrkartenautomat	le **distributeur de tickets** [distʀibytœʀ də tikɛ]

DAS FAHRRAD – LA BICYCLETTE

der Sattel
la **selle**
[sɛl]

der Lenker
le **guidon**
[gidɔ̃]

das Vorderrad
la **roue avant**
[ʀuavɑ̃]

der Reifen
le **pneu**
[pnø]

das Hinterrad
la **roue arrière**
[ʀuaʀjɛʀ]

die Kette
la **chaîne**
[ʃɛn]

das Pedal
la **pédale**
[pedal]

die Speiche
le **rayon**
[ʀɛjɔ̃]

der Schalthebel	le **levier de vitesses** [ləvjed(ə)vitɛs]
der Bremshebel	le **levier de frein** [ləvjed(ə)fʀɛ̃]
die Luftpumpe	la **pompe à bicyclette** [pɔ̃pabisiklɛt]
der Fahrradhelm	le **casque de cycliste** [kaskdəsiklist]
bremsen	**freiner** [fʀene]
einen Fahrradschlauch flicken	**réparer une chambre à air** [ʀepaʀe yn ʃɑ̃bʀ a ɛʀ]

das Fahrradschloss
l'antivol
[ɑ̃tivɔl]

DER ZUG – LE TRAIN

der Zug
le **train**
[tʀɛ̃]

der Bahnsteig
le **quai**
[ke]

einsteigen
monter
[mɔ̃te]

aussteigen
descendre
[desɑ̃dʀ]

die Gleisnummer
le **numéro de la voie**
[nymeʀod(ə)lavwa]

die Rolltreppe
l'escalier roulant
[ɛskaljeʀulɑ̃]

die U-Bahn
le **métro**
[metʀo]

die Verspätung	le **retard** [ʀ(ə)taʀ]
pünktlich	**à l'heure** [alœʀ]
umsteigen	**changer** [ʃɑ̃ʒe]
die Straßenbahn	le **tram(way)** [tʀam(wɛ)]
die Sitzplatzreservierung	la **réservation (de place assise)** [ʀezɛʀvasjɔ̃ (d(ə)plasasiz)]
Eine einfache Fahrt nach ..., bitte.	**Un aller simple pour ..., S.V.P.** [œ̃n ale sɛ̃pl puʀ … silvuplɛ]
hin und zurück	**aller et retour** [aleeʀ(ə)tuʀ]
Ist dieser Platz noch frei?	**Est-ce que cette place est libre?** [ɛskə sɛt plas ɛ libʀ]

ESSEN UND TRINKEN
BOIRE ET MANGER

TIERISCHE PRODUKTE – PRODUITS ANIMAUX

das Lammfleisch
l'**agneau**
[aɲo]

das Rindfleisch
le **bœuf**
[bœf]

das Schweinefleisch
le **porc**
[pɔʀ]

das Hähnchen
le **poulet**
[pulɛ]

die Forelle
la **truite**
[tʀɥit]

der Tunfisch
le **thon**
[tɔ̃]

der Lachs
le **saumon**
[somɔ̃]

das Fischsteak
le **steak de poisson**
[stɛkdəpwasɔ̃]

die Garnele
la **crevette**
[kʀəvɛt]

der Hummer
le **homard**
[ˊɔmaʀ]

der Krebs
le **crabe**
[kʀab]

die Miesmuschel
la **moule**
[mul]

TIERISCHE PRODUKTE – PRODUITS ANIMAUX

das Hühnerei
l'œuf de poule
[œfdəpul]

das Eigelb
le **jaune d'œuf**
[ʒondœf]

das Eiweiß
le **blanc d'œuf**
[blɑ̃dœf]

die Butter
le **beurre**
[bœʀ]

die Sahne
la **crème**
[kʀɛm]

die Milch
le **lait**
[lɛ]

der Käse
le **fromage**
[fʀɔmaʒ]

der Quark
le **fromage blanc**
[fʀɔmaʒblɑ̃]

der Joghurt
le **yaourt**
[jauʀ(t)]

GEMÜSE – LÉGUMES

die Zwiebel
l'oignon
[ɔɲɔ̃]

das Radieschen
le **radis**
[ʀadi]

die Frühlingszwiebel
l'échalote nouvelle
[eʃalɔtnuvɛl]

der Lauch
le **poireau**
[pwaʀo]

die Süßkartoffel
la **patate douce**
[patat(ə)dus]

die Karotte
la **carotte**
[kaʀɔt]

der Knoblauch
l'ail
[aj]

die Kartoffel
la **pomme de terre**
[pɔmdətɛʀ]

die rote Zwiebel
l'oignon rouge
[ɔɲɔ̃ʀuʒ]

die Pastinake
le **panais**
[panɛ]

die Schalotte
l'échalote
[eʃalɔt]

die Rote Bete
la **betterave rouge**
[bɛtʀavʀuʒ]

die Rübe
la **betterave**
[bɛtʀav]

GEMÜSE – LÉGUMES

der Kopfsalat
la **laitue (pommée)**
[lety (pɔme)]

der Eisbergsalat
la **salade iceberg**
[saladajsbɛʀg]

der/die Chicorée
l'endive
[ɑ̃div]

der Spinat
les **épinards**
[epinaʀ]

der Wirsing
le **chou frisé**
[ʃufʀize]

der Brokkoli
le **brocoli**
[bʀɔkɔli]

der Rotkohl
le **chou rouge**
[ʃuʀuʒ]

der Weißkohl
le **chou pommé blanc**
[ʃu pɔme blɑ̃]

der Rosenkohl
le **chou de Bruxelles**
[ʃud(ə)bʀy(k)sɛl]

der Blumenkohl
le **chou-fleur**
[ʃuflœʀ]

GEMÜSE – LÉGUMES

der/die Paprika
le **poivron**
[pwavʀɔ̃]

die Zucchini
la **courgette**
[kuʀʒɛt]

die Aubergine
l'aubergine
[obɛʀʒin]

die Tomate
la **tomate**
[tɔmat]

die Okraschote
le **gombo**
[gɔ̃bo]

die Chilischote
le **piment rouge**
[pimɑ̃ʀuʒ]

der Mais
le **maïs**
[mais]

die grüne Bohne
le **haricot vert**
[ˊaʀikovɛʀ]

die Tellerlinse
la **grosse lentille**
[gʀoslɑ̃tij]

schälen	**éplucher** [eplyʃe]
schneiden	**couper** [kupe]
roh	**cru** [kʀy]
gekocht	**bouilli** [buji]
gegart	**mijoté** [miʒɔte]
das Püree	la **purée** [pyʀe]
püriert	**réduit en purée** [ʀedɥi ɑ̃ pyʀe]
braten	**rôtir** [ʀotiʀ]

OBST – FRUITS

die Erdbeere
la **fraise**
[fʀɛz]

die Himbeere
la **framboise**
[fʀɑ̃bwaz]

die Brombeere
la **mûre**
[myʀ]

die Heidelbeere
la **myrtille**
[miʀtij]

die Weintraube
le **raisin**
[ʀɛzɛ̃]

die Kirsche
la **cerise**
[s(ə)ʀiz]

der Apfel
la **pomme**
[pɔm]

die Aprikose
l'abricot
[abʀiko]

der Pfirsich
la **pêche**
[pɛʃ]

die Nektarine
la **nectarine**
[nɛktaʀin]

die Pflaume
la **prune**
[pʀyn]

die Birne
la **poire**
[pwaʀ]

OBST – FRUITS

die Grapefruit
le **pamplemousse**
[pɑ̃pləmus]

die Orange
l'orange
[ɔʀɑ̃ʒ]

die Zitrone
le **citron**
[sitʀɔ̃]

die Limette
le **citron vert**
[sitʀɔ̃vɛʀ]

die Banane
la **banane**
[banan]

geschält
épluché
[eplyʃe]

die Clementine
la **clémentine**
[klemɑ̃tin]

die Wassermelone
la **pastèque**
[pastɛk]

der Schnitz
le **quartier**
[kaʀtje]

die Schale
l'écorce
[ekɔʀs]

die Zuckermelone
le **melon brodé**
[m(ə)lɔ̃bʀɔde]

die Honigmelone
le **cantaloup**
[kɑ̃talu]

WÜRZMITTEL UND SOSSEN – ASSAISONNEMENTS ET SAUCES

der Essig
le **vinaigre**
[vinɛgʀ]

das Olivenöl
l'huile d'olive
[ɥildɔliv]

der Pfeffer
le **poivre**
[pwavʀ]

das Salz
le **sel**
[sɛl]

die Pfeffermühle
le **moulin à poivre**
[mulɛ̃apwavʀ]

der/das Ketchup
le **ketchup**
[kɛtʃœp]

der Senf
la **moutarde**
[mutaʀd]

die Mayonnaise
la **(sauce) mayonnaise**
[(sos) majɔnɛz]

die Sojasoße
la **sauce au soja**
[sososoja]

BROT – PAINS

das Weizenmehl
la **farine de froment**
[faʀindəfʀɔmɑ̃]

das Croissant
le **croissant**
[kʀwasɑ̃]

das/die Baguette
la **baguette**
[bagɛt]

das Weißbrot
le **pain blanc**
[pɛ̃blɑ̃]

das Vollkornbrot
le **pain complet**
[pɛ̃kɔ̃plɛ]

das Fladenbrot
le **pain turc**
[pɛ̃tyʀk]

die Tortilla
la **tortilla**
[tɔʀtija]

das Brötchen
le **petit pain**
[p(ə)tipɛ̃]

der Bagel
le **bagel**
[bagɛl]

das belegte Brötchen
le **petit pain garni**
[p(ə)tipɛ̃gaʀni]

die Scheibe
la **tranche**
[tʀɑ̃ʃ]

das Sandwich
le **sandwich**
[sɑ̃dwitʃ]

GETRÄNKE – BOISSONS

das Wasser
l'eau
[o]

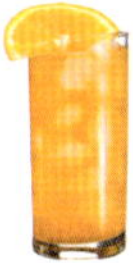

der Orangensaft
le **jus d'orange**
[ʒydɔʀɑ̃ʒ]

die Cola
le **coca**
[kɔka]

das Bier
la **bière**
[bjɛʀ]

der Rotwein
le **vin rouge**
[vɛ̃ʀuʒ]

der Weißwein
le **vin blanc**
[vɛ̃blɑ̃]

der Kräutertee
la **tisane**
[tizan]

der Kaffee
le **café**
[kafe]

der Kaffee zum Mitnehmen
le **café à emporter**
[kafeaɑ̃pɔʀte]

der Becher
le **gobelet**
[gɔblɛ]

der Deckel
le **couvercle**
[kuvɛʀkl]

der Teebeutel
le **sachet de thé**
[saʃɛdəte]

die Teeblätter
les **feuilles de thé**
[fœjdəte]

DAS FASTFOOD – LA RESTAURATION RAPIDE

die Chips
les **chips**
[ʃips]

der Schokoriegel
la **barre chocolatée**
[barʃɔkɔlate]

der Hamburger
le **hamburger**
[ˈãbœrgœr]

die Pommes frites
les **pommes frites**
[pɔm frit]

die Pizza
la **pizza**
[pidza]

der Taco
le **taco**
[tako]

die gebratenen Nudeln
les **nouilles frites**
[nujfrit]

das Sushi
le **sushi**
[syʃi]

das Nugget
le **nugget**
[nœgɛt]

Ich würde gerne etwas zum Mitnehmen bestellen.	**Je voudrais commander quelque chose à emporter.** [ʒə vudrɛ kɔmãde kɛlkʃoz a ãpɔrte]
klein/mittelgroß/groß	**petit/moyen/grand** [p(ə)ti/mwajɛ̃/grã]
süß	**sucré** [sykre]
salzig	**salé** [sale]
der Lieferservice	le **service de livraison** [sɛrvisdəlivrɛzɔ̃]
bestellen	**commander** [kɔmãde]
liefern	**livrer** [livre]

GESCHIRR UND BESTECK – VAISSELLE ET COUVERTS

die Suppe
la **soupe**
[sup]

der Eintopf
le **pot-au-feu**
[pɔtofø]

der Salat
la **salade**
[salad]

das Stäbchen
la **baguette**
[bagɛt]

die Serviette
la **serviette**
[sɛʀvjɛt]

die Gabel
la **fourchette**
[fuʀʃɛt]

die Tischdecke
la **nappe**
[nap]

der Essteller
l'assiette plate
[asjɛtplat]

das Wasserglas
le **verre à eau**
[vɛʀao]

das Weinglas
le **verre à vin**
[vɛʀavɛ̃]

der Dessertlöffel
la **cuillère à dessert**
[kɥijɛʀadesɛʀ]

der Suppenlöffel
la **cuillère à soupe**
[kɥijɛʀasup]

das Messer
le **couteau**
[kuto]

DIE ERNÄHRUNG – L'ALIMENTATION

das Fett
la **graisse**
[gʀɛs]

der Zucker
le **sucre**
[sykʀ]

vegetarisch
végétarien
[veʒetaʀjɛ̃]

vegan
végan
[vegɑ̃]

ohne Eier
sans œufs
[sɑ̃zø]

zuckerfrei
sans sucre
[sɑ̃sykʀ]

glutenfrei
sans gluten
[sɑ̃glytɛn]

laktosefrei
sans lactose
[sɑ̃laktoz]

die Diät
le **régime**
[ʀeʒim]

die Lebensmittelintoleranz	**l'intolérance alimentaire** [ɛ̃tɔleʀɑ̃salimɑ̃tɛʀ]
die Fruktose	le **fructose** [fʀyktɔz]
die Glukose	le **glucose** [glykoz]
das Natrium	le **sodium** [sɔdjɔm]
die Kalorien	les **calories** [kalɔʀi]
der Geschmacksverstärker	**l'exhausteur de goût** [ɛgzostœʀdəgu]
die gesunde Ernährung	**l'alimentation saine** [alimɑ̃tasjɔ̃sɛn]
fasten	**jeûner** [ʒøne]

DER SUPERMARKT – LE SUPERMARCHÉ

der Kassierer
le **caissier**
[kesje]

die Kundin
la **cliente**
[klijɑ̃t]

die Ware
la **marchandise**
[maʀʃɑ̃diz]

das Warentransportband
le **tapis de caisse**
[tapid(ə)kɛs]

das Warenregal
le **rayon de marchandises**
[ʀɛjɔ̃d(ə)maʀʃɑ̃diz]

der Einkaufswagen
le **caddie** [kadi]

die Kasse
la **caisse**
[kɛs]

der Scanner
le **scanner**
[skanɛʀ]

der Einkaufskorb
le **panier d'achat**
[panjedaʃa]

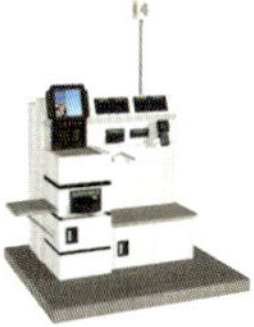

die Selbstbedienungskasse
la **caisse libre-service**
[kɛslibʀ(ə)sɛʀvis]

1 865342 690003

der Strichcode
le **code-barres**
[kɔdbaʀ]

das Sonderangebot
l'offre spéciale
[ɔfʀ(ə)spesjal]

DER SUPERMARKT – LE SUPERMARCHÉ

das Obst und Gemüse
les **fruits et légumes**
[fʀɥi(z)elegym]

das Kühlregal
le **rayon réfrigéré**
[ʀɛjɔ̃ʀefʀiʒeʀe]

die Milchprodukte
les **produits laitiers**
[pʀɔdɥiletje]

die Tiefkühlkost
les **produits surgelés**
[pʀɔdɥisyʀʒəle]

die Backwaren
les **pâtisseries**
[pɑtisʀi]

das Fleisch und Geflügel
les **viandes et volailles**
[vjɑ̃d(z)evɔlaj]

die Konserven
les **conserves**
[kɔ̃sɛʀv]

die Feinkost
l'épicerie fine
[episʀifin]

die Fischtheke
le **rayon poissonnerie**
[ʀɛjɔ̃pwasɔnʀi]

die Frühstücksflocken
les **céréales pour petit-déjeuner** [seʀeal puʀ p(ə)tideʒœne]

die Babyartikel
les **articles pour bébé**
[aʀtikl(ə)puʀbebe]

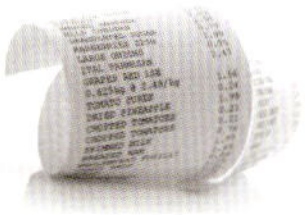

der Kassenzettel
le **bon de caisse**
[bɔ̃d(ə)kɛs]

GESUNDHEIT UND KÖRPERPFLEGE
SANTÉ ET HYGIÈNE

DER KÖRPER – LE CORPS

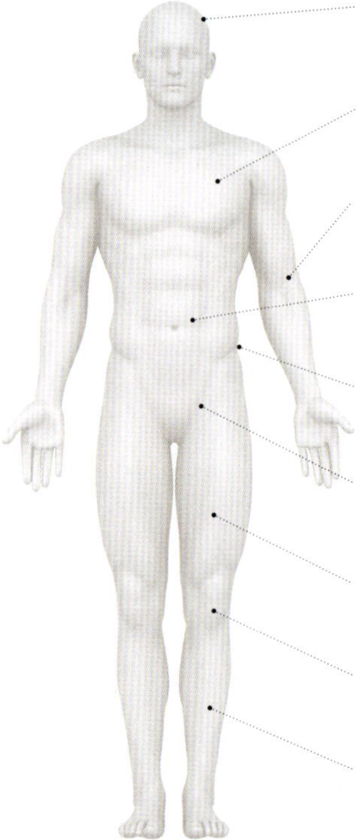

der Kopf
la **tête**
[tɛt]

der Brustkorb
la **cage thoracique**
[kaʒtɔʀasik]

der Arm
le **bras**
[bʀa]

der Bauch
le **ventre**
[vɑ̃tʀ]

die Hüfte
la **hanche**
[´ɑ̃ʃ]

die Leiste
l'aine
[ɛn]

der Oberschenkel
la **cuisse**
[kɥis]

das Knie
le **genou**
[ʒ(ə)nu]

das Schienbein
le **tibia**
[tibja]

der Hals
le **cou**
[ku]

die Schulter
l'épaule
[epol]

die Brust
le **sein**
[sɛ̃]

die Schamgegend
le **pubis**
[pybis]

das Bein
la **jambe**
[ʒɑ̃b]

der Fuß
le **pied**
[pje]

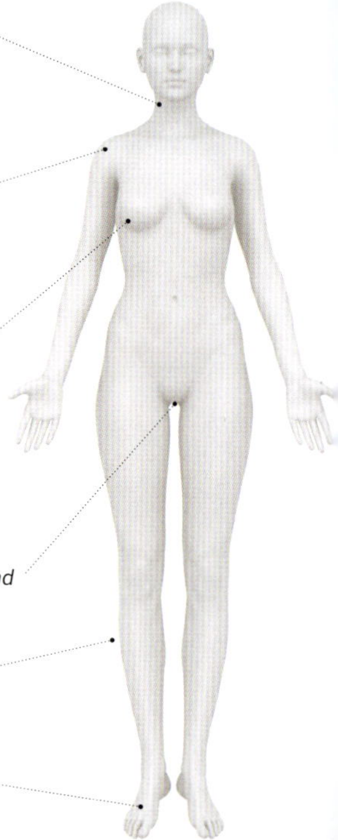

DER KÖRPER – LE CORPS

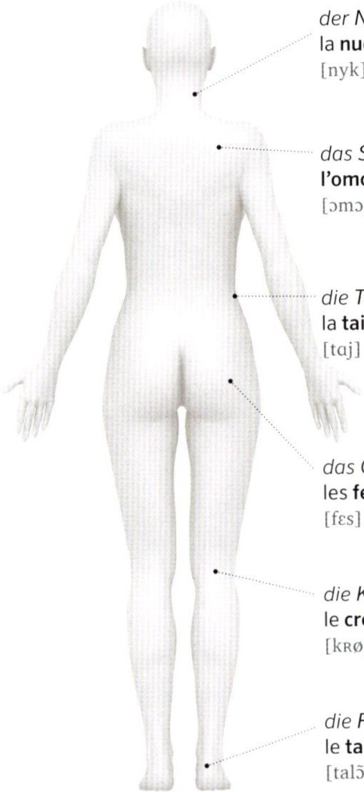

der Nacken
la **nuque**
[nyk]

das Schulterblatt
l'omoplate
[ɔmɔplat]

die Taille
la **taille**
[taj]

das Gesäß
les **fesses**
[fɛs]

die Kniekehle
le **creux poplité**
[kʀøpɔplite]

die Ferse
le **talon**
[talɔ̃]

der Ellbogen
le **coude**
[kud]

der Rücken
le **dos**
[do]

das Handgelenk
le **poignet**
[pwaɲɛ]

die Hand
la **main**
[mɛ̃]

die Wade
le **mollet**
[mɔlɛ]

der Knöchel
la **cheville**
[ʃ(ə)vij]

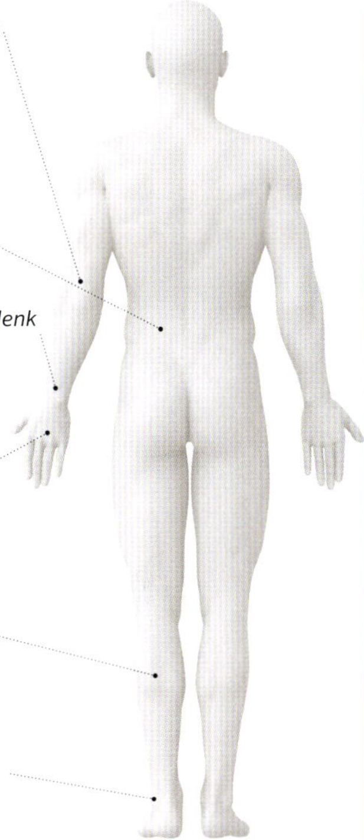

DIE HAND UND DER FUSS – LA MAIN ET LE PIED

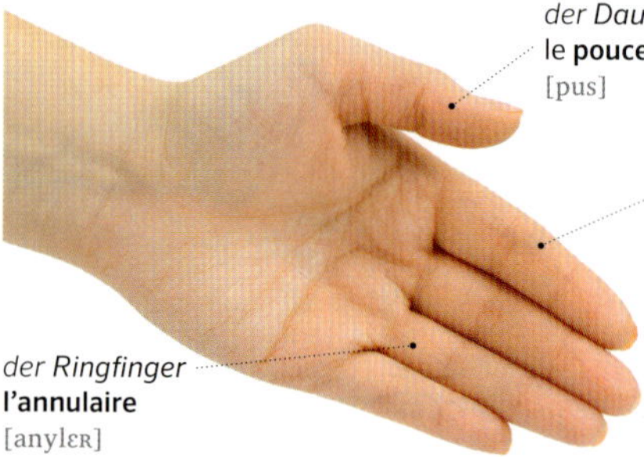

der Daumen
le **pouce**
[pus]

der Zeigefinger
l'index
[ɛ̃dɛks]

der Ringfinger
l'annulaire
[anylɛʀ]

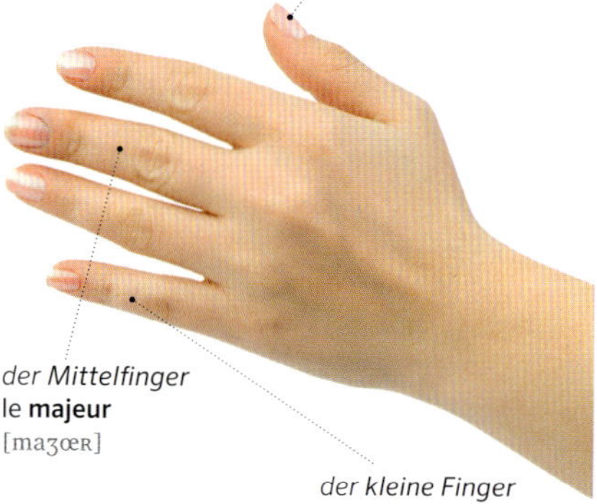

der Fingernagel
l'ongle
[ɔ̃gl]

der Mittelfinger
le **majeur**
[maʒœʀ]

der kleine Finger
l'auriculaire
[ɔʀikylɛʀ]

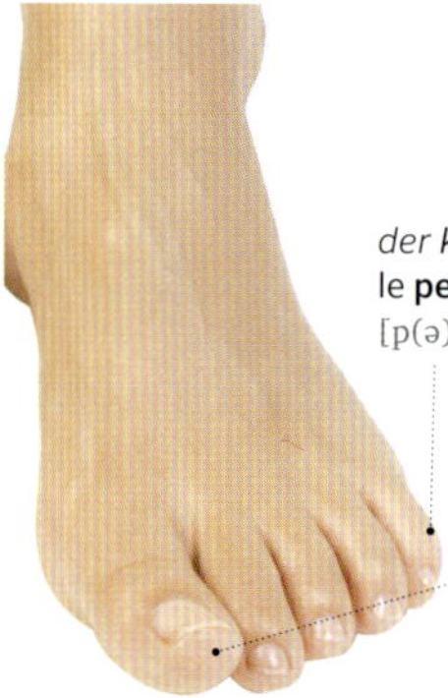

der kleine Zeh
le **petit orteil**
[p(ə)titɔʀtɛj]

der große Zeh
le **gros orteil**
[gʀozɔʀtɛj]

DAS GESICHT – LE VISAGE

das Haar
les **cheveux**
[ʃ(ə)vø]

die Stirn
le **front**
[fʀɔ̃]

das Ohr
l'**oreille**
[ɔʀɛj]

die Wange
la **joue**
[ʒu]

die Augenbraue
le **sourcil**
[suʀsi]

die Wimper
le **cil**
[sil]

das Auge
l'**œil**
[œj]

die Nase
le **nez**
[ne]

der Zahn
la **dent**
[dɑ̃]

das Kinn
le **menton**
[mɑ̃tɔ̃]

der Mund
la **bouche**
[buʃ]

die Lippe
la **lèvre**
[lɛvʀ]

DIE INNEREN ORGANE – LES ORGANES INTERNES

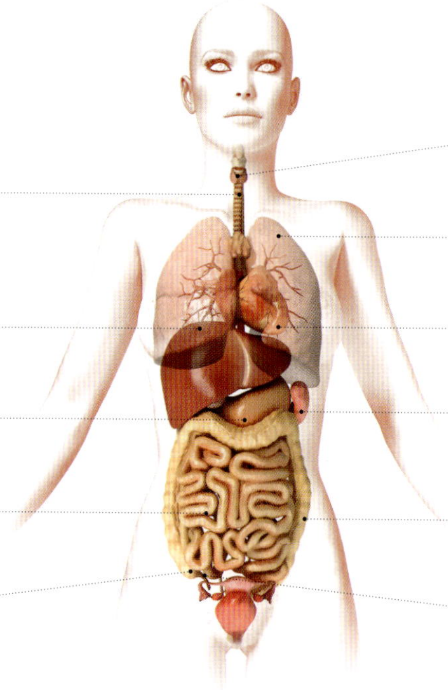

die Luftröhre
la **trachée**
[tʀaʃe]

die Leber
le **foie**
[fwa]

der Magen
l'estomac
[ɛstɔma]

der Dünndarm
l'intestin grêle
[ɛ̃tɛstɛ̃gʀɛl]

der Blinddarm
le **cæcum**
[sekɔm]

die Schilddrüse
la **glande thyroïde**
[glɑ̃dtiʀɔid]

die Lunge
le **poumon**
[pumɔ̃]

das Herz
le **cœur**
[kœʀ]

die Milz
la **rate**
[ʀat]

der Dickdarm
le **gros intestin**
[gʀozɛ̃tɛstɛ̃]

der Wurmfortsatz
l'appendice
[apɛ̃dis]

SCHWANGERSCHAFT UND GEBURT – GROSSESSE ET ACCOUCHEMENT

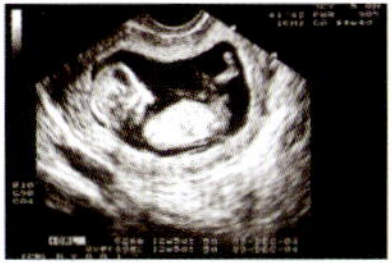

die Ultraschallaufnahme
l'**échographie**
[ekografi]

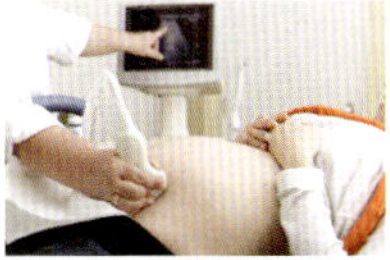

die Ultraschall-untersuchung
l'**examen échographique**
[ɛgzamɛ̃ekografik]

die Hebamme
la **sage-femme**
[saʒfam]

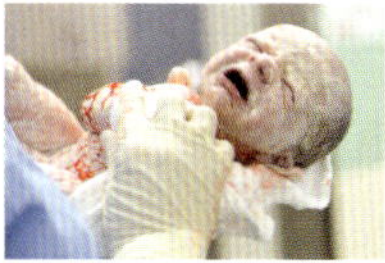

die Geburt
l'**accouchement**
[akuʃmɑ̃]

der Schwangerschaftstest
le **test de grossesse**
[tɛstdəgʀosɛs]

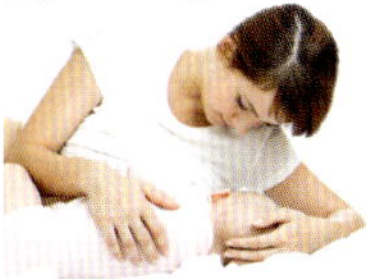

stillen
allaiter
[alete]

das Fläschchen
le **biberon**
[bibʀɔ̃]

das Milchpulver
le **lait en poudre**
[lɛɑ̃pudʀ]

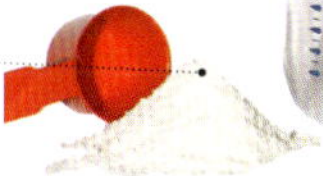

schwanger	**enceinte** [ɑ̃sɛ̃t]
die Wehen	les **douleurs** [dulœʀ]
die Geburt einleiten	**provoquer l'accouchement** [pʀɔvɔkelakuʃmɑ̃]
pressen	**pousser** [puse]
die Nabelschnur	le **cordon ombilical** [kɔʀdɔ̃ɔ̃bilikal]
die Plazenta	le **placenta** [plasɛ̃ta]
das Fruchtwasser	le **liquide amniotique** [likidamnjɔtik]
die Fruchtblase	la **poche des eaux** [pɔʃdezo]

DER ARZTBESUCH – LA VISITE MÉDICALE

das Rezept
l'ordonnance
[ɔʀdɔnɑ̃s]

das Wartezimmer
la **salle d'attente**
[saldatɑ̃t]

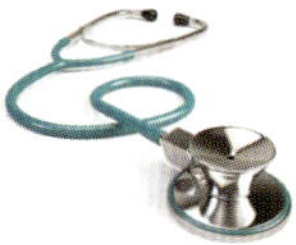

das Stethoskop
le **stéthoscope**
[stetɔskɔp]

den Blutdruck messen
mesurer la tension
[məzyʀelatɑ̃sjɔ̃]

die Ärztin
le **médecin**
[medsɛ̃]

die Patientin
la **patiente**
[pasjɑ̃t]

die Sprechstunde	les **heures de consultation** [œʀdəkɔ̃syltasjɔ̃]
jemandem Blut abnehmen	**faire une prise de sang à quelqu'un** [fɛʀ yn pʀiz də sɑ̃ a kɛlkœ̃]
der Termin	le **rendez-vous** [ʀɑ̃devu]
die Behandlung	le **traitement** [tʀɛtmɑ̃]
die Diagnose	le **diagnostic** [djagnɔstik]
die Überweisung	la **recommandation** [ʀ(ə)kɔmɑ̃dasjɔ̃]
die Ergebnisse	les **résultats** [ʀezylta]
die Krankenkasse	la **caisse d'assurance maladie** [kɛs dasyʀɑ̃s maladi]

SYMPTOME UND KRANKHEITEN – SYMPTÔMES ET MALADIES

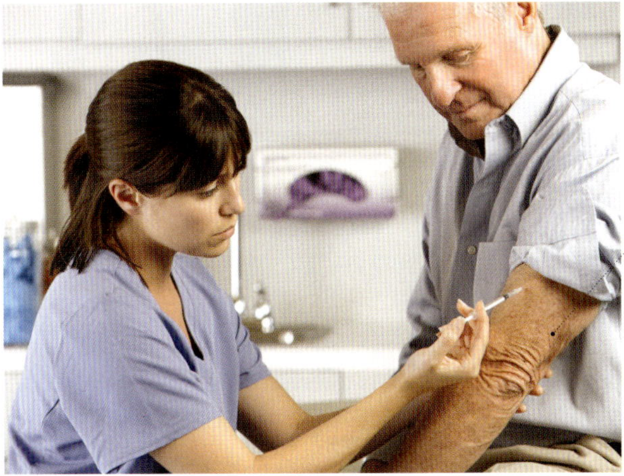

jemandem eine Spritze geben
faire une piqûre à quelqu'un
[fɛʀ yn pikyʀ a kɛlkœ̃]

eine Spritze bekommen
avoir une piqûre
[avwaʀynpikyʀ]

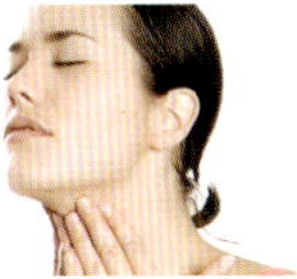

die Halsschmerzen
le **mal à la gorge**
[malalagɔʀʒ]

das Virus	le **virus** [viʀys]
der Infekt	**l'infection** [ɛ̃fɛksjɔ̃]
die Allergie	**l'allergie** [alɛʀʒi]
der Hautausschlag	**l'éruption cutanée** [eʀypsjɔ̃kytane]
der Durchfall	la **diarrhée** [djaʀe]
der Schwindel	le **vertige** [vɛʀtiʒ]
die Übelkeit	la **nausée** [noze]
die Bronchitis	la **bronchite** [bʀɔ̃ʃit]

die Kopfschmerzen
les **maux de tête**
[modətɛt]

die Magenschmerzen
le **mal à l'estomac**
[malalɛstɔma]

SYMPTOME UND KRANKHEITEN – SYMPTÔMES ET MALADIES

krank
malade
[malad]

gesund
sain
[sɛ̃]

der Schnupfen
le **rhume**
[ʀym]

der Husten
la **toux**
[tu]

die Erkältung
le **refroidissement**
[ʀ(ə)fʀwadismɑ̃]

die Grippe
la **grippe**
[gʀip]

das Niesen
l'éternuement
[etɛʀnymɑ̃]

das Fieber
la **fièvre**
[fjɛvʀ]

der Heuschnupfen
le **rhume des foins**
[ʀymdefwɛ̃]

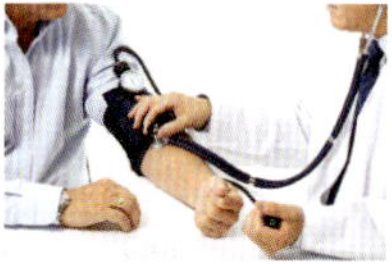

der hohe/niedrige Blutdruck
l'hypertension/hypotension
[ipɛʀtɑ̃sjɔ̃/ipotɑ̃sjɔ̃]

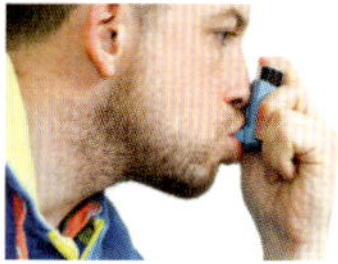

das Asthma
l'asthme
[asm]

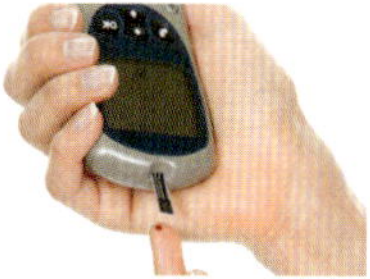

der Diabetes
le **diabète**
[djabɛt]

BEHINDERUNGEN – HANDICAPS

der Rollstuhl
le **fauteuil roulant**
[fotœjʀulɑ̃]

der Schiebegriff
la **poignée de poussée**
[pwaɲed(ə)puse]

die Armlehne
l'**accoudoir**
[akudwaʀ]

der Greifreifen
la **main-courante**
[mɛ̃kuʀɑ̃t]

die Fußstütze
le **repose-pied**
[ʀ(ə)pozpje]

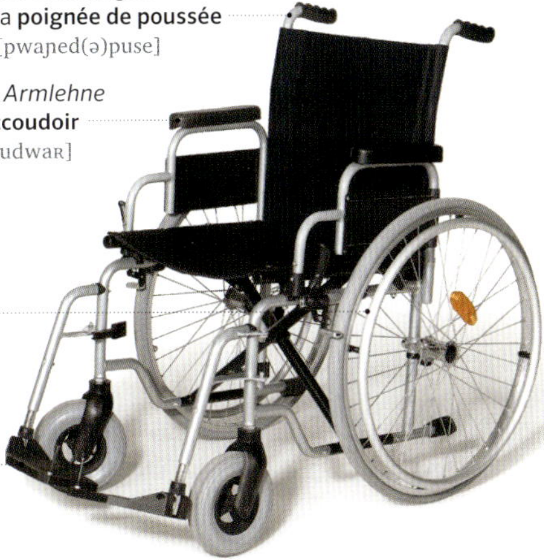

der Rollator
le **déambulateur**
[deɑ̃bylatœʀ]

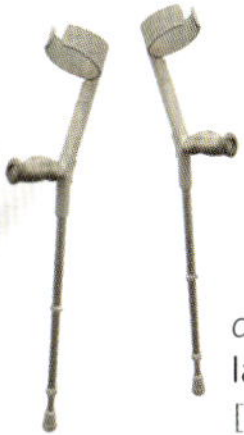

die Krücke
la **béquille**
[bekij]

der Blindenstock
la **canne (blanche) d'aveugle**
[kan (blɑ̃ʃ) davœgl]

der Blindenhund
le **chien d'aveugle**
[ʃjɛ̃davœgl]

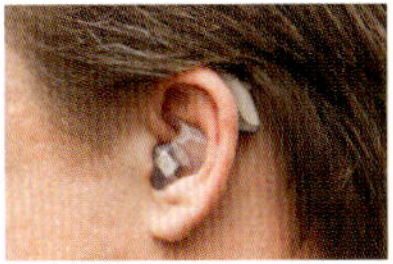

das Hörgerät
l'**appareil auditif**
[apaʀɛjoditif]

die Gebärdensprache
le **langage gestuel**
[lɑ̃gaʒʒɛstɥɛl]

VERLETZUNGEN - BLESSURES

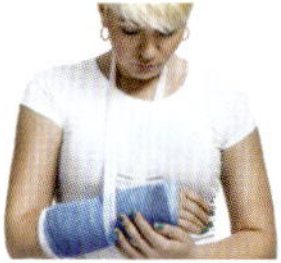

der Knochenbruch
la **fracture**
[fʀaktyʀ]

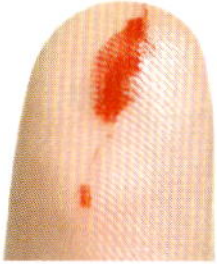

die Schnittwunde
la **coupure**
[kupyʀ]

der Insektenstich
la **piqûre d'insecte**
[pikyʀdɛ̃sɛkt]

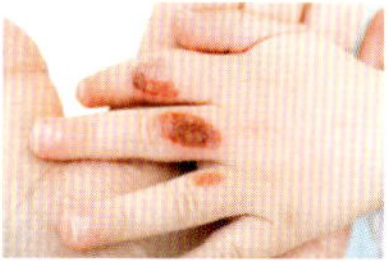

die Verbrennung
la **brûlure**
[bʀylyʀ]

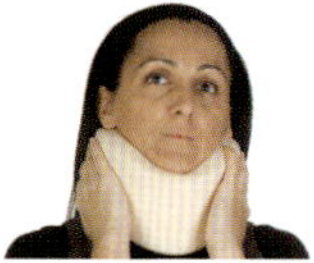

das Schleudertrauma
le **coup du lapin**
[kudylapɛ̃]

der Bandscheibenvorfall
la **hernie discale**
[ˊɛʀnidiskal]

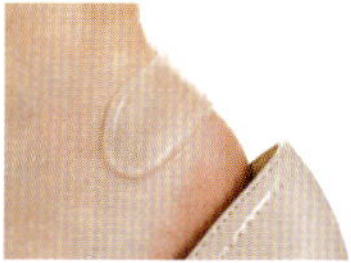

die Blase
l'ampoule
[ɑ̃pul]

in Ohnmacht fallen
s'évanouir
[sevanwiʀ]

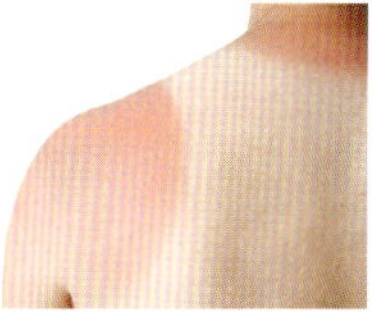

der Sonnenbrand
le **coup de soleil**
[kud(ə)sɔlɛj]

die Wunde	la **plaie** [plɛ]
das Blut	le **sang** [sɑ̃]
bluten	**saigner** [seɲe]
die Blutung	le **saignement** [sɛɲmɑ̃]
die Gehirnerschütterung	la **commotion cérébrale** [komosjɔ̃seʀebʀal]
sich den Arm/ einen Wirbel ausrenken	**se démettre le bras/une vertèbre** [s(ə) demɛtʀ lə bʀa/yn vɛʀtɛbʀ]
sich den Fuß verstauchen/brechen	**se fouler/se casser le pied** [s(ə) fule/s(ə) kase l(ə) pje]

VERLETZUNGEN – BLESSURES

das Verbandszeug
les **pansements**
[pãsmã]

der Verband
le **bandage**
[bãdaʒ]

das Leukoplast®
le **sparadrap**
[sparadʀa]

das Pflaster
le **sparadrap**
[sparadʀa]

die Verbandschere
les **ciseaux à pansements**
[sizoapãsmã]

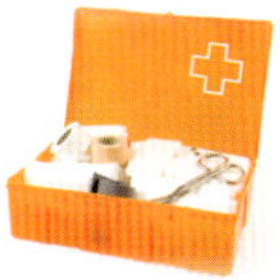

der Erste-Hilfe-Kasten
la **trousse de secours**
[tʀusdəs(ə)kuʀ]

das Desinfektionsmittel
le **(produit) désinfectant**
[(pʀɔdɥi) dezɛ̃fɛktã]

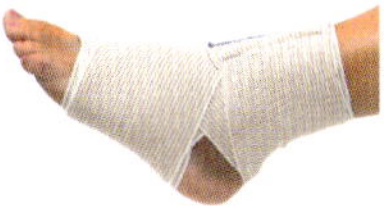

die Bandage
le **bandage**
[bãdaʒ]

die Mullbinde
la **bande de gaze**
[bãddəgaz]

DIE APOTHEKE – LA PHARMACIE

das Medikament
le **médicament**
[medikamɑ̃]

die Kapsel
la **capsule**
[kapsyl]

der Hustensaft
le **sirop contre la toux**
[siʀo kɔ̃tʀ la tu]

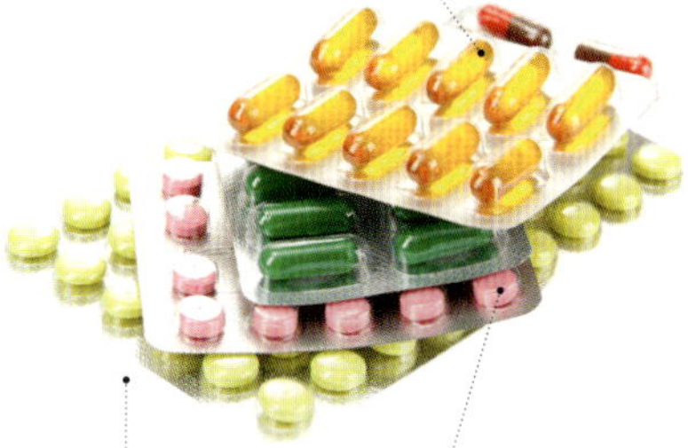

die Sichtverpackung
le **blister**
[blistɛʀ]

die Tablette
le **comprimé**
[kɔ̃pʀime]

die Dosierung
le **dosage**
[dozaʒ]

der Messbecher
le **gobelet mesureur**
[gɔblɛməzyʀœʀ]

die Salbe
la **pommade**
[pɔmad]

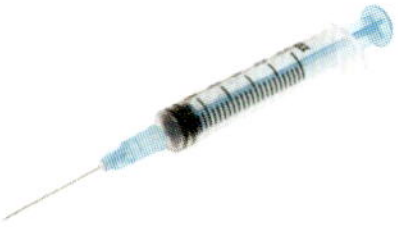

die Spritze
la **seringue**
[s(ə)ʀɛ̃g]

die Tropfen
les **gouttes**
[gut]

die Brausetablette
le **comprimé effervescent**
[kɔ̃pʀimeefɛʀvesɑ̃]

DIE APOTHEKE – LA PHARMACIE

das Sonnenschutzmittel
le **produit solaire**
[pʀɔdɥisɔlɛʀ]

das Feuchttuch
la **lingette**
[lɛ̃ʒɛt]

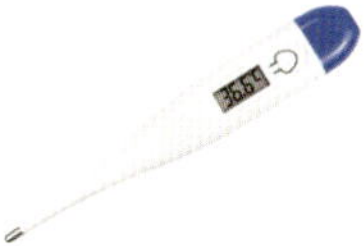

das/der Fieber-thermometer
le **thermomètre médical**
[tɛʀmɔmɛtʀ(ə)medikal]

das/der Hustenbonbon
le **bonbon contre la toux**
[bɔ̃bɔ̃ kɔ̃tʀ la tu]

die Slipeinlage
le **protège-slip**
[pʀɔtɛʒslip]

der Tampon
le **tampon (hygiénique)**
[tɑ̃pɔ̃ (iʒjenik)]

der Ohrstöpsel
la **boule Quiès®**
[bulkiɛs]

das Deodorant
le **déodorant**
[deɔdɔʀɑ̃]

das Symptom	le **symptôme** [sɛ̃ptom]
die Nebenwirkung	**l'effet secondaire** [efɛs(ə)gɔ̃dɛʀ]
der Beipackzettel	la **notice** [nɔtis]
die Hautpflege	les **soins de la peau** [swɛ̃d(ə)lapo]
das Schmerzmittel	**l'analgésique** [analʒezik]
das Beruhigungsmittel	le **calmant** [kalmɑ̃]
die Schlaftablette	le **somnifère** [sɔmnifɛʀ]
das Verfallsdatum	la **date de péremption** [datdəpeʀɑ̃psjɔ̃]

die Nagelfeile
la **lime à ongles**
[limaɔ̃gl]

DIE KÖRPERPFLEGE – L'HYGIÈNE CORPORELLE

die Zahnpasta
la **pâte dentifrice**
[patdɑ̃tifʀis]

das Parfüm
le **parfum**
[paʀfœ̃]

die Gesichtscreme
la **crème pour le visage**
[kʀɛm puʀ lə vizaʒ]

der Kamm
le **peigne**
[pɛɲ]

das Duschgel
le **gel douche**
[ʒɛlduʃ]

das Shampoo
le **shampooing**
[ʃɑ̃pwɛ̃]

die Spülung
l'après-shampooing
[apʀɛʃɑ̃pwɛ̃]

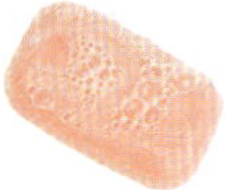

die Seife
le **savon**
[savɔ̃]

die Haarbürste
la **brosse à cheveux**
[bʀɔsaʃ(ə)vø]

der Kulturbeutel
la **trousse de toilette**
[tʀusdətwalɛt]

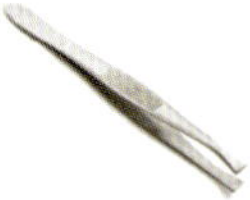

die Pinzette
la **pince à épiler**
[pɛ̃saepile]

die Nagelschere
les **ciseaux à ongles**
[sizoaɔ̃gl]

ARBEIT UND KOMMUNIKATION
TRAVAIL ET COMMUNICATION

DIE ARBEITSWELT - LE MONDE DU TRAVAIL

das Bewerbungsgespräch
la **candidature**
[kɑ̃didatyʀ]

die Bewerberin
la **candidate**
[kɑ̃didat]

die Personalreferentin
la **DRH (Directrice des Ressources Humaines)**
[deɛʀaʃ (diʀɛktʀis de ʀ(ə)suʀs zymɛn)]

der Lebenslauf
le **curriculum vitae**
[kyʀikylɔmvite]

die Bewerbungsunterlagen
le **dossier de candidature**
[dosjed(ə)kɑ̃didatyʀ]

die Stellenanzeige
l'offre d'emploi
[ɔfʀdɑ̃plwa]

sich um eine Stelle bewerben	**faire une demande d'emploi** [fɛʀ yn d(ə)mɑ̃d dɑ̃plwa]
die Arbeitsbedingungen	les **conditions de travail** [kɔ̃disjɔ̃dətʀavaj]
die Schichtarbeit	le **travail par roulement** [tʀavajpaʀʀulmɑ̃]
die Teilzeit	le **temps partiel** [tɑ̃paʀsjɛl]
die Vollzeit	le **temps complet** [tɑ̃kɔ̃plɛ]
die Qualifikation	la **qualification** [kalifikasjɔ̃]
die Berufserfahrung	**l'expérience professionnelle** [ɛkspeʀjɑ̃spʀɔfesjɔnɛl]

DIE ARBEITSWELT – LE MONDE DU TRAVAIL

der Kugelschreiber
le **stylo à bille**
[stiloabij]

die Schere
les **ciseaux**
[sizo]

der Textmarker
le **surligneur**
[syʀliɲœʀ]

der Stiftehalter
le **porte-crayons**
[pɔʀtkʀɛjɔ̃]

das Notizbuch
le **carnet**
[kaʀnɛ]

die Haftnotiz
le **post-it®**
[pɔstit]

der Bleistiftspitzer
le **taille-crayon**
[tɑjkʀɛjɔ̃]

der Radiergummi
la **gomme**
[gɔm]

der Bleistift
le **crayon**
[kʀɛjɔ̃]

die Reißzwecke
la **punaise**
[pynɛz]

die Büroklammer
le **trombone**
[tʀɔ̃bɔn]

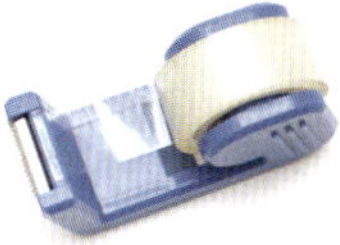

der Tesafilm®
le **scotch®**
[skɔtʃ]

der Tacker
l'agrafeuse
[agʀaføz]

der Locher
le **perforateur**
[pɛʀfɔʀatœʀ]

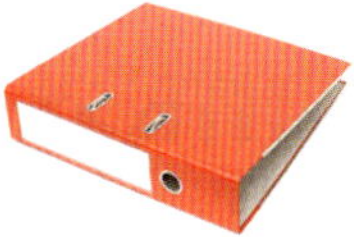

der Ordner
le **classeur**
[klɑsœʀ]

DIE ARBEITSWELT – LE MONDE DU TRAVAIL

die Sitzung
la **séance**
[seɑ̃s]

der Teamleiter
le **chef d'équipe**
[ʃɛfdekip]

der Teilnehmer
le **participant**
[paʀtisipɑ̃]

die Tagesordnung
l'ordre du jour
[ɔʀdʀ(ə)dyʒuʀ]

protokollieren
rédiger le procès-verbal
[ʀediʒel(ə)pʀɔsɛvɛʀbal]

der Besprechungstisch
la **table de conférence**
[tabl(ə)dəkɔ̃feʀɑ̃s]

die Präsentation
la **présentation**
[pʀezɑ̃tasjɔ̃]

der Beamer
le **projecteur vidéo**
[pʀɔʒɛktœʀvideo]

die Folie
le **feuillet**
[fœjɛ]

das Tortendiagramm
le **graphique à secteurs (circulaire)** [gʀafikasɛktœʀ (siʀkylɛʀ)]

DIE ARBEITSWELT – LE MONDE DU TRAVAIL

der Arbeitgeber
l'**employeur**
[ɑ̃plwajœʀ]

① *die Assistentin*
l'**assistante**
[asistɑ̃t]

② *der Kollege*
le **collègue**
[kɔ(l)lɛg]

③ *der Arbeitnehmer*
le **salarié**
[salaʀje]

④ *die Kollegin*
la **collègue**
[kɔ(l)lɛg]

⑤ *die Managerin*
la **manageuse**
[manadʒøz]

⑥ *der Chef*
le **patron**
[patʀɔ̃]

die Vertretung	le **remplacement** [ʀɑ̃plasmɑ̃]
der Jahresurlaub	le **congé annuel** [kɔ̃ʒeanɥɛl]
das Gehalt	le **salaire** [salɛʀ]
die Beförderung	l'**avancement** [avɑ̃smɑ̃]
jemandem kündigen	**licencier quelqu'un** [lisɑ̃sjekɛlkœ̃]
seine Stelle kündigen	**donner sa démission** [dɔnesademisjɔ̃]
verdienen	**gagner** [gaɲe]
in Rente gehen	**prendre sa retraite** [pʀɑ̃dʀ(ə)saʀ(ə)tʀɛt]

entlassen werden
être congédié
[ɛtʀ(ə)kɔ̃ʒedje]

DER COMPUTER – L'ORDINATEUR

der Desktop-Computer
l'ordinateur de bureau
[ɔʀdinatœʀd(ə)byʀo]

der Ein/Aus-Schalter
le **bouton marche-arrêt**
[butɔ̃maʀʃaʀɛ]

die USB-Schnittstelle
l'interface USB
[ɛ̃tɛʀfasyɛsbe]

das CD/DVD-Laufwerk
le **lecteur de CD/DVD**
[lɛktœʀd(ə)sede/devede]

die Tastatur
le **clavier**
[klavje]

der Bildschirm
l'écran
[ekʀɑ̃]

die Maus
la **souris**
[suʀi]

das Scrollrad
la **mollette de défilement**
[mɔlɛtdədefilmɑ̃]

der/das Laptop
l'ordinateur portable
[ɔʀdinatœʀpɔʀtabl]

das Stromkabel
le **câble électrique**
[kɑblelɛktʀik]

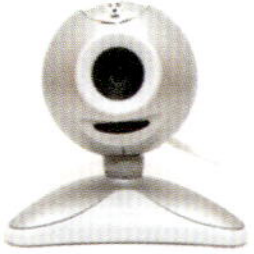

die Webcam
la **webcam**
[wɛbkam]

der Lautsprecher
le **haut-parleur**
[ˊopaʀlœʀ]

die CD-ROM
le **CD-ROM**
[sedeʀɔm]

der USB-Stick
la **clé USB**
[kleyɛsbe]

der Scanner
le **scanner**
[skanɛʀ]

der Tintenstrahldrucker
l'imprimante à jet d'encre
[ɛ̃pʀimɑ̃t a ʒɛ dɑ̃kʀ]

der Laserdrucker
l'imprimante laser
[ɛ̃pʀimɑ̃tlazɛʀ]

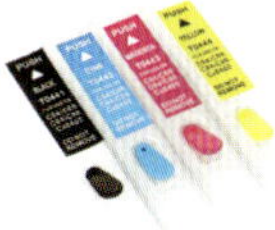

die Tintenpatrone
la **cartouche d'encre**
[kaʀtuʃdɑ̃kʀ]

die Tonerkartusche
la **cartouche de toner**
[kaʀtuʃdətɔnɛʀ]

das Mauspad
le **tapis de souris**
[tapid(ə)suʀi]

eingeben	**entrer** [ɑ̃tʀe]
eine Datei verschieben	**déplacer un fichier** [deplaseœ̃fiʃje]
eine Sicherungskopie erstellen	**faire une copie de sauvegarde** [fɛʀ yn kɔpi d(ə) sovgaʀd]
markieren	**mettre en surbrillance** [mɛtʀɑ̃syʀbʀijɑ̃s]
sich einloggen	**se connecter** [s(ə)kɔnɛkte]
sich ausloggen	**se déconnecter** [s(ə)dekɔnɛkte]
der Neustart	le **redémarrage** [ʀ(ə)demaʀaʒ]
(die) Bytes	(les) **octets** [ɔktɛ]

tippen
taper
[tape]

DER COMPUTER – L'ORDINATEUR

klicken
cliquer
[klike]

scrollen
faire défiler
[fɛʀdefile]

ausschneiden
découper
[dekupe]

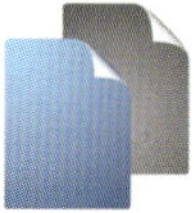

kopieren
copier
[kɔpje]

einfügen
coller
[kɔle]

eine Datei ausdrucken
imprimer un fichier
[ɛ̃pʀimeœ̃fiʃje]

speichern
mémoriser
[memɔʀize]

eine Datei öffnen
ouvrir un fichier
[uvʀiʀœ̃fiʃje]

löschen
supprimer
[sypʀime]

der Ordner
le **dossier**
[dosje]

der Papierkorb
la **corbeille**
[kɔʀbɛj]

suchen
chercher
[ʃɛʀʃe]

DER COMPUTER – L'ORDINATEUR

rückgängig machen
annuler
[anyle]

wiederherstellen
récupérer
[ʀekypeʀe]

die Einstellungen
les **paramètres**
[paʀamɛtʀ]

die Schriftart
la **police de caractères**
[pɔlisd(ə)kaʀaktɛʀ]

den Rechner hochfahren
faire démarrer l'ordinateur
[fɛʀ demaʀe lɔʀdinatœʀ]

den Rechner herunterfahren
arrêter l'ordinateur
[aʀɛtelɔʀdinatœʀ]

der Mauszeiger
le **curseur**
[kyʀsœʀ]

die Sanduhr
le **sablier**
[sɑblije]

die Datei	le **fichier** [fiʃje]
das Programm	le **programme** [pʀɔgʀam]
der Scrollbalken	la **barre de défilement** [baʀdədefilmɑ̃]
ein Programm installieren	**installer un programme** [ɛ̃staleœ̃pʀɔgʀam]
ein Programm deinstallieren	**désinstaller un programme** [dezɛ̃staleœ̃pʀɔgʀam]
das Betriebssystem	le **système d'exploitation** [sistɛmdɛksplwatasjɔ̃]
die Taskleiste	la **barre des tâches** [baʀdetaʃ]
der Fortschrittsbalken	la **barre de progression** [baʀdəpʀɔgʀɛsjɔ̃]

die Fehlermeldung
le **signalement d'une erreur**
[siɲalmɑ̃dyneʀœʀ]

DAS INTERNET – L'INTERNET

das WLAN
la **wifi**
[wifi]

der Browser
le **navigateur**
[navigatœʀ]

der Download
le **téléchargement**
[teleʃaʀʒəmɑ̃]

die Nachricht
le **message**
[mesaʒ]

die Social Media
les **médias sociaux**
[medjasɔsjo]

die Verschlüsselung
l'encodage
[ɑ̃kɔdaʒ]

die E-Mail-Adresse
l'adresse électronique
[adʀɛselɛktʀɔnik]

der Anhang
la **pièce jointe**
[pjɛsʒwɛ̃t]

eine Mail weiterleiten
transmettre un e-mail
[tʀɑ̃smɛtʀœ̃nimɛl]

senden	**envoyer** [ɑ̃vwaje]
empfangen	**recevoir** [ʀəs(ə)vwaʀ]
das Benutzerkonto	le **compte d'utilisateur** [kɔ̃tdytilizatœʀ]
der Posteingang	la **boîte de réception** [bwatdəʀesɛpsjɔ̃]
der Postausgang	la **boîte d'envoi** [bwatdɑ̃vwa]
die Abwesenheitsnotiz	le **message d'absence automatique** [mesaʒ dapsɑ̃s otomatic]
die Spammail	le **courrier poubelle** [kuʀjepubɛl]
im Internet surfen	**naviguer sur Internet** [navigesyʀɛ̃tɛʀnɛt]

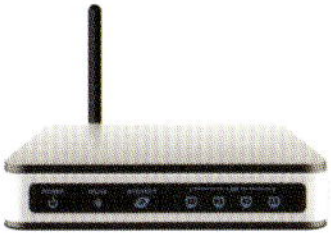

der Router
le **routeur**
[ʀutœʀ]

der Tablet-Computer
la **tablette (tactile)**
[tablɛt (taktil)]

die SIM-Karte
la **carte SIM**
[kaʀtsim]

die App
l'appli
[apli]

das Handy
le **(téléphone) portable**
[(telefɔn) pɔʀtabl]

der Surfstick
le **dongle USB**
[dɔ̃glyɛsbe]

die SMS
le **texto**
[tɛksto]

das Smartphone
le **smartphone**
[smaʀtfɔn]

der Touchscreen
l'écran tactile
[ekʀɑ̃taktil]

der Datenspeicher	le **support d'informations** [sypɔʀdɛ̃fɔʀmasjɔ̃]
die Software	le **logiciel** [lɔʒisjɛl]
das Funkloch	la **zone d'ombre (radio)** [zondɔ̃bʀ (ʀadjo)]
die Flatrate	**l'accès Internet illimité** [aksɛ ɛ̃tɛʀnɛt i(l)limite]
die Prepaidkarte	la **carte prépayée** [kaʀtpʀepeje]
das Guthaben	**l'avoir** [avwaʀ]
der Klingelton	la **sonnerie** [sɔnʀi]
der Akku	**l'accu** [aky]

DAS TELEFON – LE TÉLÉPHONE

das Display
le **visuel**
[vizɥɛl]

der Anrufbeantworter
le **répondeur (automatique)**
[ʀepɔ̃dœʀ (otomatik)]

das Tastenfeld
le **clavier**
[klavje]

der Telefonhörer
le **combiné**
[kɔ̃bine]

das Kabel
le **câble**
[kɑbl]

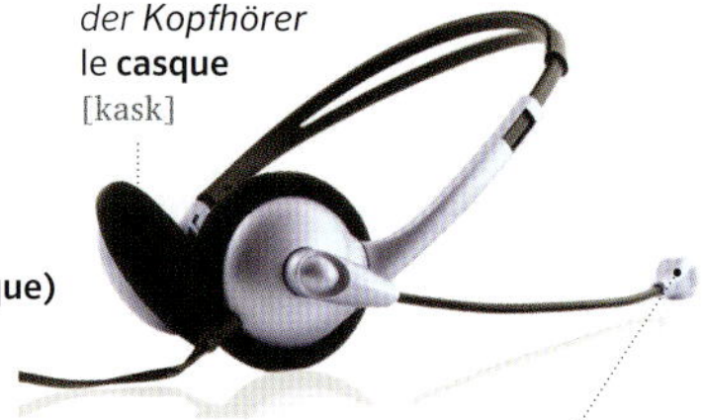

der Kopfhörer
le **casque**
[kask]

das Mikrofon
le **micro**
[mikʀo]

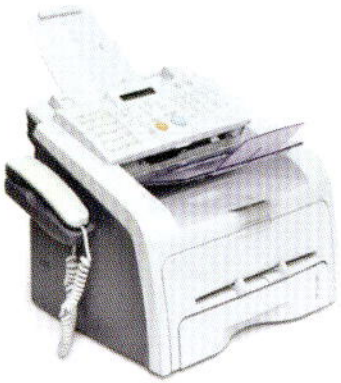

das Faxgerät
le **télécopieur**
[telekɔpjœʀ]

jemanden anrufen	**téléphoner à quelqu'un** [telefɔneakɛlkœ̃]
wählen	**composer un numéro** [kɔ̃pozeœ̃nymeʀo]
klingeln	**sonner** [sɔne]
Ich möchte bitte ... sprechen.	**Je voudrais parler à ... s'il vous plaît.** [Je voudrais parler à ... s'il vous plaît]
Entschuldigung, ich habe mich verwählt.	**Excusez-moi, je me suis trompé(e) de numéro.** [ɛkskyzemwa ʒə m(ə) sɥi tʀɔ̃pe d(ə) nymeʀo]
Ich stelle Sie durch.	**Je vous le/la passe.** [ʒ(ə) vu lə/la pɑs]
Bitte hinterlassen Sie eine Nachricht nach dem Signalton.	**Veuillez laisser un message après le bip sonore.** [vœje lese œ̃ mesaʒ apʀɛ l(ə) bip sɔnɔʀ]
Können Sie mich bitte zurückrufen?	**Pourriez-vous me rappeler, s'il vous plaît?** [puʀjevu mə ʀap(ə)le silvuplɛ]

DIE POST – LA POSTE

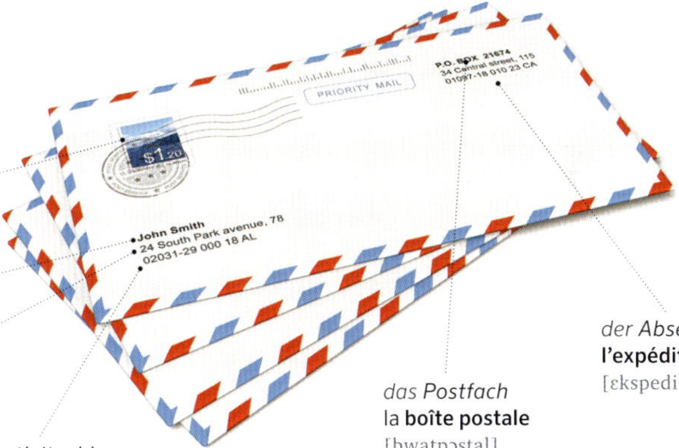

der Briefumschlag
l'enveloppe
[ɑ̃vlɔp]

die Briefmarke
le **timbre**
[tɛ̃bʀ]

der Empfänger
le **destinataire**
[dɛstinatɛʀ]

die Adresse
l'adresse
[adʀɛs]

die Postleitzahl
le **code postal**
[kɔdpɔstal]

das Postfach
la **boîte postale**
[bwatpɔstal]

der Absender
l'expéditeur
[ɛkspeditœʀ]

der Brief	la **lettre** [lɛtʀ]
der Eilbrief	la **lettre express** [lɛtʀɛkspʀɛs]
portofrei	**port payé** [pɔʀpeje]
einen Brief erhalten	**recevoir une lettre** [ʀəs(ə)vwaʀynlɛtʀ]
einen Brief beantworten	**répondre à une lettre** [ʀepɔ̃dʀ a yn lɛtʀ]
jemandem einen Brief schicken	**envoyer une lettre à quelqu'un** [ɑ̃vwaje yn lɛtʀ a kɛlkœ̃]
das Einschreiben	**l'envoi en recommandé** [ɑ̃vwaɑ̃ʀ(ə)kɔmɑ̃de]

der Briefkasten
la **boîte à lettres**
[bwatalɛtʀ]

DIE POST – LA POSTE

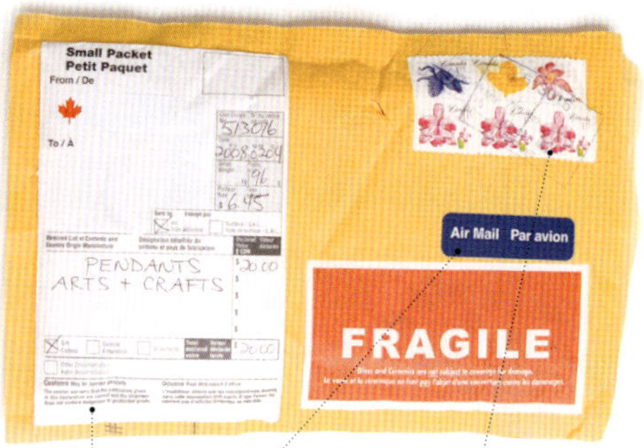

das Päckchen
le **paquet**
[pakɛ]

per Luftpost
par avion
[paʀavjɔ̃]

das Porto
le **port**
[pɔʀ]

oben
haut
[´o]

zerbrechlich
fragile
[fʀaʒil]

vor Nässe schützen
craint l'humidité
[kʀɛ̃lymidite]

das Paket
le **colis**
[kɔli]

liefern	**livrer**	[livʀe]
die Leerungszeiten	les **heures de levée**	[œʀdəl(ə)ve]
versandkostenfrei	**franco de port**	[fʀɑ̃kod(ə)pɔʀ]
das Gewicht	le **poids**	[pwɑ]
die Waage	la **balance**	[balɑ̃s]
der Hausbriefkasten	la **boîte à lettres**	[bwatalɛtʀ]
die Postanweisung	le **mandat postal**	[mɑ̃dapɔstal]
Nicht knicken!	**ne pas plier, S.V.P.**	[n(ə) pa plije silvuplɛ]

KLEIDUNG
VÊTEMENTS

BABYSACHEN – VÊTEMENTS DE BÉBÉ

die Stoffwindel
la **couche en tissu**
[kuʃɑ̃tisy]

die Wegwerfwindel
la **couche jetable**
[kuʃʒ(ə)tabl]

der Schneeanzug
la **combinaison d'hiver**
[kɔ̃binɛzɔ̃divɛʀ]

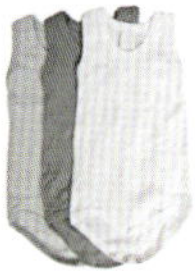

der Body
le **body**
[bɔdi]

der Babyfäustling
la **mouffle**
[mufl]

der Strampler
la **grenouillère**
[gʀənujɛʀ]

die Mütze
le **bonnet**
[bɔnɛ]

das Babyschühchen
le **chausson (pour bébé)**
[ʃosɔ̃ (puʀ bebe)]

der Schnuller
la **sucette**
[sysɛt]

das Lätzchen
la **bavette**
[bavɛt]

der Sonnenhut
le **chapeau de soleil**
[ʃapod(ə)sɔlɛj]

das Söckchen
la **socquette**
[sɔkɛt]

die Babydecke
la **couverture pour bébé**
[kuvɛʀtyʀ puʀ bebe]

HERRENKLEIDUNG – VÊTEMENTS POUR HOMMES

der Anzug
le **costume**
[kɔstym]

der Kragen
le **col**
[kɔl]

die Krawatte
la **cravate**
[kʀavat]

das Hemd
la **chemise**
[ʃ(ə)miz]

der/das Sakko
le **veston**
[vɛstɔ̃]

die Hose
le **pantalon**
[pɑ̃talɔ̃]

das T-Shirt
le **tee-shirt**
[tiʃœʀt]

das Polohemd
le **polo**
[pɔlo]

der Rollkragenpullover
le **pull à col roulé**
[pyl a kɔl ʀule]

die kurze Hose
le **caleçon**
[kalsɔ̃]

die Unterhose
le **slip**
[slip]

die Badehose
le **slip de bain**
[slipdəbɛ̃]

DAMENKLEIDUNG – VÊTEMENTS POUR DAMES

das Schulterpolster
l'épaulette
[epolɛt]

das Oberteil
le **haut**
[o]

der Blazer
le **blazer**
[blazɛʀ]

die Jeans
le **jean**
[dʒin]

die Stiefelette
la **bottine**
[bɔtin]

das Kleid
la **robe**
[ʀɔb]

das Trägertop
le **haut à bretelles**
[oabʀətɛl]

die Bluse
le **chemisier**
[ʃ(ə)mizje]

die Strickjacke
le **chandail**
[ʃɑ̃daj]

der Rock
la **jupe**
[ʒyp]

die Shorts
le **short**
[ʃɔʀt]

ACCESSOIRES – ACCESSOIRES

die Strumpfhose
le **collant**
[kɔlɑ̃]

die Leggings
les **leggings**
[legiŋs]

der BH
le **soutien-gorge**
[sutjɛ̃gɔʀʒ]

der Badeanzug
le **maillot de bain**
[majod(ə)bɛ̃]

der Slip
le **slip**
[slip]

die Socke
la **chaussette**
[ʃosɛt]

die Brille
les **lunettes**
[lynɛt]

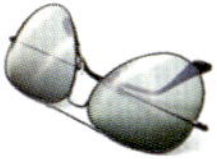

die Sonnenbrille
les **lunettes de soleil**
[lynɛtdəsɔlɛj]

der Reißverschluss	la **fermeture à glissière** [fɛʀmətyʀaglisjɛʀ]
der Klettverschluss	la **fermeture Velcro®** [fɛʀmətyʀvɛlkʀo]
die Reisetasche	le **sac de voyage** [sakdəvwajaʒ]
der Koffer	la **valise** [valiz]
Könnte ich das mal anprobieren?	**(Est-ce que) je peux essayer cela?** [(ɛskə) ʒə pø(z) eseje s(ə)la]
Haben Sie das auch eine Nummer größer/kleiner?	**Avez-vous aussi cela dans la taille au-dessus/au-dessous?** [avevu osi s(ə)la dɑ̃ la taj od(ə)sy/dɑ̃ la taj od(ə)su]
Das passt gut, ich nehme es.	**Ça va bien, je le/la prends.** [sa va bjɛ̃ ʒ(ə)lə pʀɑ̃/ʒ(ə)la pʀɑ̃]
der Knopf	le **bouton** [butɔ̃]

der Rucksack
le **sac à dos**
[sakado]

SCHUHE UND LEDERWAREN – CHAUSSURES ET MAROQUINERIE

die Sandale
la **sandale**
[sɑ̃dal]

der Gummistiefel
la **botte en caoutchouc**
[bɔtɑ̃kautʃu]

der Flip-Flop®
la **tong**
[tɔ̃g]

der hohe Stiefel
la **botte montante**
[bɔtmɔ̃tɑ̃t]

der Turnschuh
la **tennis**
[tenis]

der Gürtel
la **ceinture**
[sɛ̃tyʀ]

der Schnürschuh
la **chaussure à lacets**
[ʃosyʀalasɛ]

der Wanderstiefel
la **chaussure de marche**
[ʃosyʀdəmaʀʃ]

die Trekkingsandale
la **sandale de marche**
[sɑ̃daldəmaʀʃ]

der Schnürsenkel	le **lacet** [lasɛ]
die Gürtelschlaufe	le **passant de ceinture** [pɑsɑ̃d(ə)sɛ̃tyʀ]
der Keilabsatz	la **semelle compensée** [s(ə)mɛlkɔ̃pɑ̃se]
der Absatz	le **talon** [talɔ̃]
die Sohle	la **semelle** [s(ə)mɛl]
der Riemen	la **courroie** [kuʀwa]
die Schnalle	la **boucle** [bukl]

NOTDIENSTE
SERVICES DE SECOURS

ERSTE HILFE – PREMIERS SOINS

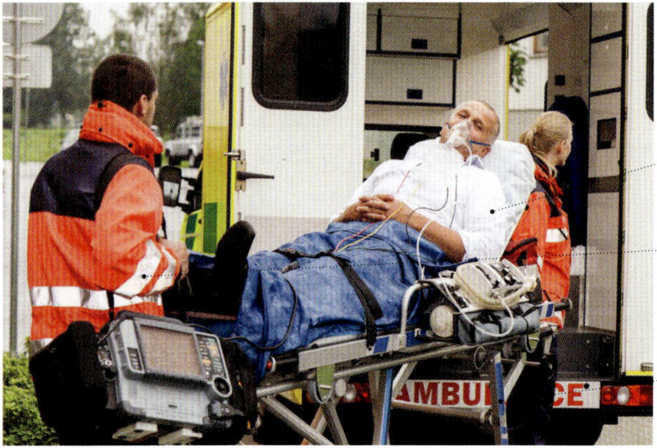

der Rettungswagen
l'ambulance
[ɑ̃bylɑ̃s]

das Unfallopfer
la **victime de l'accident**
[viktimd(ə)laksidɑ̃]

der Sanitäter
le **secouriste**
[s(ə)kuʀist]

die Trage
la **civière**
[sivjɛʀ]

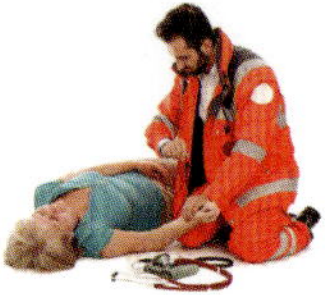

die Pulsmessung
la **mesure du pouls**
[m(ə)zyʀdypu]

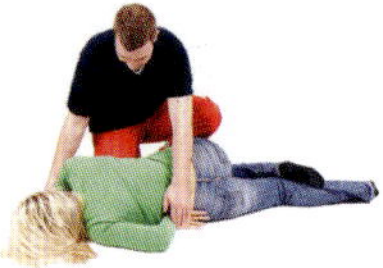

die stabile Seitenlage
la **position latérale stable**
[pozisjɔ̃ lateʀal stabl]

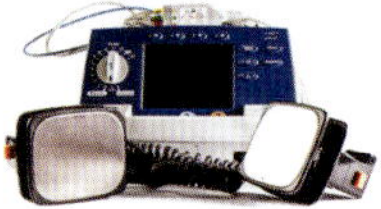

der Defibrillator
le **défibrillateur**
[defibʀilatœʀ]

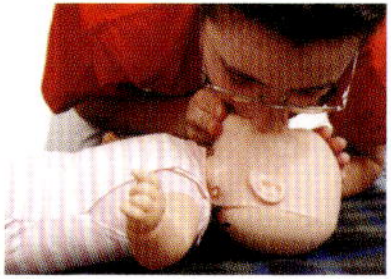

die Mund-zu-Mund-Beatmung
le **bouche-à-bouche**
[buʃabuʃ]

DIE POLIZEI – LA POLICE

die Polizistin
la **policière**
[pɔlisjɛʀ]

der Polizist
le **policier**
[pɔlisje]

das Polizeiauto
la **voiture de police**
[vwatyʀd(ə)pɔlis]

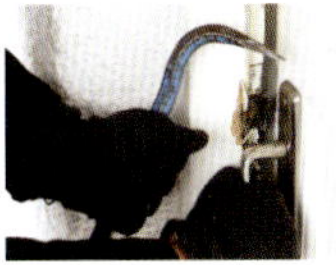

der Einbruch
l'effraction
[efʀaksjɔ̃]

der Diebstahl
le **vol**
[vɔl]

die Gewalt
la **violence**
[vjɔlɑ̃s]

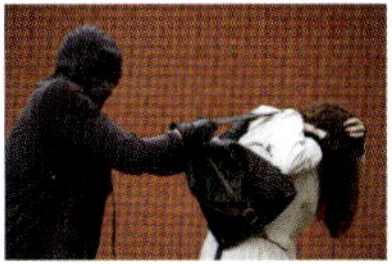

der Raubüberfall
l'attaque à main armée
[atak a mɛ̃ aʀme]

die Straftat	le **délit** [deli]
die Körperverletzung	les **coups et blessures** [kuzeblesyʀ]
die Vergewaltigung	le **viol** [vjɔl]
der Mord	le **meurtre** [mœʀtʀ]
der Überfall	**l'agression** [agʀesjɔ̃]
fliehen	**prendre la fuite** [pʀɑ̃dʀ(ə)lafɥit]
belästigen	**harceler** [ˊaʀsəle]
die Schuld	la **faute** [fot]

der Taschendiebstahl
le **vol à la tire**
[vɔlalatiʀ]

DIE FEUERWEHR – LES POMPIERS

der Notausgang
la **sortie de secours**
[sɔʀtidəs(ə)kuʀ]

der Feuerwehrmann
le **pompier**
[pɔ̃pje]

der Feuerlöscher
l'extincteur
[ɛkstɛ̃ktœʀ]

der Hydrant
la **bouche d'incendie**
[buʃdɛ̃sɑ̃di]

der Sammelpunkt
le **lieu de rassemblement**
[ljød(ə)ʀasɑ̃bləmɑ̃]

der Rauchmelder
le **détecteur de fumée**
[detɛktœʀd(ə)fyme]

die Schwimmweste
le **gilet de sauvetage**
[ʒilɛd(ə)sov(ə)taʒ]

der Rettungsring
la **bouée de sauvetage**
[bwed(ə)sov(ə)taʒ]

die Notrufnummer
le **numéro d'appel d'urgence**
[nymeʀo dapɛl dyʀʒɑ̃s]

der/die Vermisste	le/la **disparu/disparue** [dispaʀy]
die Suchmannschaft	**l'équipe de recherches** [ekipdəʀ(ə)ʃɛʀʃ]
die Gefahr	le **danger** [dɑ̃ʒe]
Hilfe!	**Au secours!** [os(ə)kuʀ]
Es ist ein Unfall passiert!	**Il est arrivé un accident!** [ilɛtaʀive œ̃naksidɑ̃]
Rufen Sie einen Rettungswagen!	**Appelez une ambulance!** [apleynɑ̃bylɑ̃s]
Rufen Sie die Polizei!	**Appelez la police!** [aplelapɔlis]
Rufen Sie die Feuerwehr!	**Appelez les pompiers!** [aplelepɔ̃pje]

GELD, ZAHLEN UND ZEIT
ARGENT, NOMBRES ET TEMPS

DIE BANK - LA BANQUE

das Chipkartenterminal
le **lecteur de carte à puce**
[lɛktœʀ d(ə) kaʀt a pys]

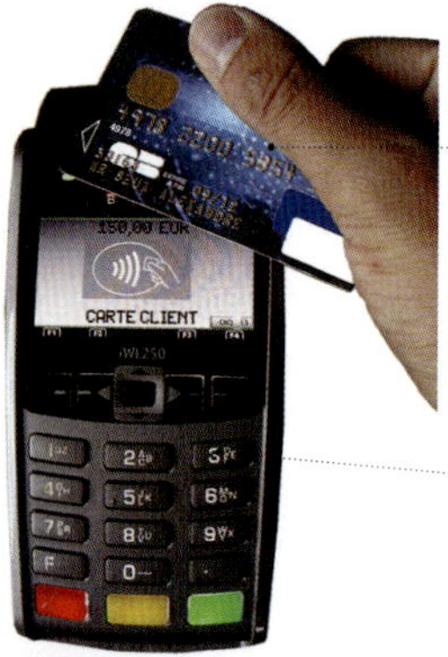

die EC-Karte
la **carte eurochèque**
[kaʀtøʀoʃɛk]

das Tastenfeld
le **clavier (à touches)**
[klavje (atuʃ)]

der Schalter
le **guichet**
[giʃɛ]

die Kassiererin
la **caissière**
[kesjɛʀ]

das Onlinebanking
le **paiement en ligne**
[pɛmɑ̃ɑ̃liɲ

die Kontoüberziehung	le **découvert** [dekuvɛʀ]
das Girokonto	le **compte courant** [kɔ̃tkuʀɑ̃]
das Sparkonto	le **compte d'épargne** [kɔ̃tdepaʀɲ]
die PIN-Nummer	le **code confidentiel** [kɔdkɔ̃fidɑ̃sjɛl]
der Zinssatz	le **taux d'intérêts** [todɛ̃teʀɛ]
das Darlehen	le **prêt** [pʀɛ]
die Hypothek	**l'hypothèque** [ipɔtɛk]
die Kontonummer	le **numéro de compte** [nymeʀod(ə)kɔ̃t]

DIE BANK – LA BANQUE

der Geldschein
le **billet (de banque)**
[bijɛ (d(ə)bɑ̃k)]

die Münze
la **pièce (de monnaie)**
[pjɛs (dəmɔnɛ)]

die Währung
la **devise**
[d(ə)viz]

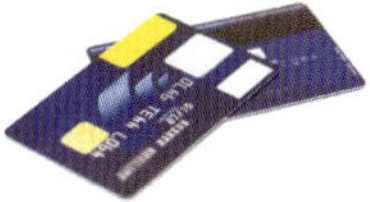

die Kreditkarte
la **carte de crédit**
[kaʀtdəkʀedi]

der Geldautomat
le **distributeur de billets**
[distʀibytœʀ də bijɛ]

Geld einzahlen
verser de l'argent
[vɛʀsed(ə)laʀʒɑ̃]

Geld abheben
retirer de l'argent
[ʀ(ə)tiʀed(ə)laʀʒɑ̃]

die Rechnung
la **facture**
[faktyʀ]

Könnten Sie mir das bitte wechseln?	**Pourriez-vous changer cela, s'il vous plaît?** [puʀjevu ʃɑ̃ʒe s(ə)la silvuplɛ]
Wie ist der aktuelle Wechselkurs?	**Quel est le taux de change actuel?** [kɛl ɛ l(ə) to d(ə) ʃɑ̃ʒ aktɥɛl]
Ich möchte gerne ein Konto eröffnen.	**Je voudrais ouvrir un compte.** [ʒ(ə) vudʀɛ uvʀiʀ œ̃ kɔ̃t]
der Betrag	le **montant** [mɔ̃tɑ̃]
die Provision	la **provision** [pʀɔvizjɔ̃]
die Wechselstube	le **bureau de change** [byʀod(ə)ʃɑ̃ʒ]

der Überweisungsschein
la **formule de virement**
[fɔʀmyldəviʀmɑ̃]

DIE ZAHLEN – LES NOMBRES

null
zéro
[zeʀo]

eins
un
[œ̃]

zwei
deux
[dø]

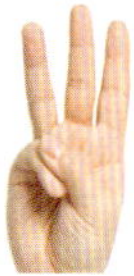

drei
trois
[tʀwɑ]

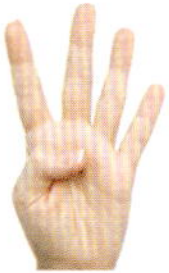

vier
quatre
[katʀ(ə)]

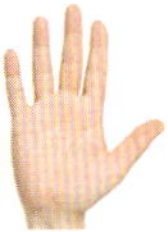

fünf
cinq
[sɛ̃k]

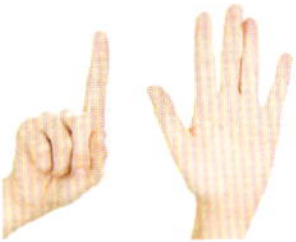

sechs
six
[sis]

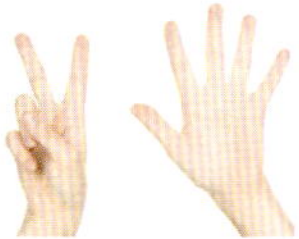

sieben
sept
[sɛt]

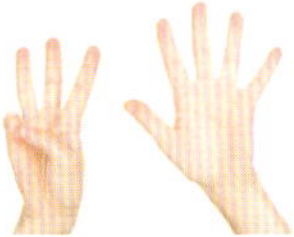

acht
huit
[ˈɥit]

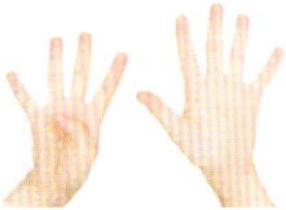

neun
neuf
[nœf]

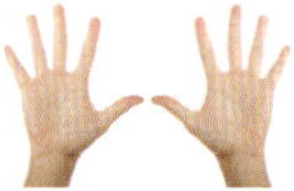

zehn
dix
[dis]

elf	**onze** [ɔ̃z]
zwölf	**douze** [duz]
dreizehn	**treize** [tʀɛz]
vierzehn	**quatorze** [katɔʀz]
fünfzehn	**quinze** [kɛ̃z]
sechzehn	**seize** [sɛz]
siebzehn	**dix-sept** [dissɛt]
achtzehn	**dix-huit** [dizɥit]
neunzehn	**dix-neuf** [diznœf]
zwanzig	**vingt** [vɛ̃]
einundzwanzig	**vingt et un** [vɛ̃teœ̃]
zweiundzwanzig	**vingt-deux** [vɛ̃tdø]
dreiundzwanzig	**vingt-trois** [vɛ̃ttʀwɑ]
dreißig	**trente** [tʀɑ̃t]
vierzig	**quarante** [kaʀɑ̃t]
fünfzig	**cinquante** [sɛ̃kɑ̃t]
sechzig	**soixante** [swasɑ̃t]
siebzig	**soixante-dix** [swasɑ̃tdis]
achtzig	**quatre-vingts** [katʀəvɛ̃]
neunzig	**quatre-vingt-dix** [katʀəvɛ̃dis]
hundert	**cent** [sɑ̃]

zweihundertzwei-undzwanzig	**deux cent vingt-deux** [døsɑ̃ vɛ̃tdø]
tausend	**mille** [mil]
zehntausend	**dix mille** [dimil]
zwanzigtausend	**vingt mille** [vɛ̃mil]
fünfzigtausend	**cinquante mille** [sɛ̃kɑ̃tmil]
fünfundfünfzig-tausend	**cinquante-cinq mille** [sɛ̃kɑ̃tsɛ̃mil]
hunderttausend	**cent mille** [sɑ̃mil]
eine Million	**un million** [œ̃miljɔ̃]
eine Milliarde	**un milliard** [œ̃miljaʀ]
eine Billion	**un billion** [œ̃biljɔ̃]

DIE ZAHLEN – LES NOMBRES

erste(r, s)	**premier (-ière)** [pʀəmje, pʀəmjɛʀ]
zweite(r, s)	**deuxième** [døzjɛm]
dritte(r, s)	**troisième** [tʀwɑzjɛm]
vierte(r, s)	**quatrième** [katʀijɛm]
fünfte(r, s)	**cinquième** [sɛ̃kjɛm]
sechste(r, s)	**sixième** [sizjɛm]
siebte(r, s)	**septième** [sɛtjɛm]
achte(r, s)	**huitième** [ˈɥitjɛm]
neunte(r, s)	**neuvième** [nœvjɛm]
zehnte(r, s)	**dixième** [dizjɛm]
elfte(r, s)	**onzième** [ɔ̃zjɛm]
zwölfte(r, s)	**douzième** [duzjɛm]
dreizehnte(r, s)	**treizième** [tʀɛzjɛm]
vierzehnte(r, s)	**quatorzième** [katɔʀzjɛm]
fünfzehnte(r, s)	**quinzième** [kɛ̃zjɛm]
sechzehnte(r, s)	**seizième** [sɛzjɛm]
siebzehnte(r, s)	**dix-septième** [dissɛtjɛm]
achtzehnte(r, s)	**dix-huitième** [dizɥitjɛm]
neunzehnte(r, s)	**dix-neuvième** [diznœvjɛm]
zwanzigste(r, s)	**vingtième** [vɛ̃tjɛm]
einundzwanzigste(r, s)	**vingt et unième** [vɛ̃teynjɛm]
zweiundzwanzigste(r, s)	**vingt-deuxième** [vɛ̃tdøzjɛm]

dreißigste(r, s)	**trentième** [tʀɑ̃tjɛm]
vierzigste(r, s)	**quarantième** [kaʀɑ̃tjɛm]
fünfzigste(r, s)	**cinquantième** [sɛ̃kɑ̃tjɛm]
sechzigste(r, s)	**soixantième** [swasɑ̃tjɛm]
siebzigste(r, s)	**soixante-dixième** [swasɑ̃tdizjɛm]
achtzigste(r, s)	**quatre-vingtième** [katʀəvɛ̃tjɛm]
neunzigste(r, s)	**quatre-vingt-dixième** [katʀəvɛ̃dizjɛm]
hundertste(r, s)	**centième** [sɑ̃tjɛm]
zweihunderterste(r, s)	**deux(-)centième** [døsɑ̃tjɛm]
zweihundertfünfundzwanzigste(r, s)	**deux cent vingt-cinquième** [døsɑ̃ vɛ̃tsɛ̃kjɛm]
dreihundertste(r, s)	**trois(-)centième** [tʀwɑsɑ̃tjɛm]
tausendste(r, s)	**millième** [miljɛm]
zehntausendste(r, s)	**dix(-)millième** [dimiljɛm]
millionste(r, s)	**millionième** [miljɔnjɛm]
zehnmillionste(r, s)	**dix(-)millionième** [dimiljɔnjɛm]
vorletzte(r, s)	**avant-dernier/avant-dernière** [avɑ̃dɛʀnje/avɑ̃dɛʀnjɛʀ]
letzte(r, s)	**dernier/dernière** [dɛʀnje/dɛʀnjɛʀ]

DIE ZAHLEN – LES NOMBRES

ein halber/ein halbes/eine halbe	**un demi/une demie** [œ̃d(ə)mi/ynd(ə)mi]
ein Drittel	**un tiers** [œ̃tjɛʀ]
ein Viertel	**un quart** [œ̃kaʀ]
ein Fünftel	**un cinquième** [œ̃sɛ̃kjɛm]
ein Achtel	**un huitième** [œ̃ˈɥitjɛm]
drei Viertel	**trois quarts** [tʀwɑkaʀ]
zwei Fünftel	**deux cinquièmes** [døsɛ̃kjɛm]
siebeneinhalb	**sept et demi** [sɛted(ə)mi]
zwei Siebzehntel	**deux dix-septièmes** [dødissɛtjɛm]
fünf und drei Achtel	**cinq et trois huitièmes** [sɛ̃k e tʀwɑ ˈɥitjɛm]
einmal	**une fois** [ynfwa]
zweimal	**deux fois** [døfwa]
dreimal	**trois fois** [tʀwɑfwa]
viermal	**quatre fois** [katʀ(ə)fwa]
mehrmals	**plusieurs fois** [plyzjœʀfwa]
manchmal	**quelquefois** [kɛlkəfwa]
niemals	**jamais** [ʒamɛ]
einfach	**simple** [sɛ̃pl]
doppelt/zweifach	**double** [dubl]
dreifach	**triple** [tʀipl]
vierfach	**quadruple** [k(w)adʀypl]
fünffach	**quintuple** [kɛ̃typl]
sechsfach	**sextuple** [sɛkstypl]
mehrfach/vielfach	**multiple** [myltipl]

ein Paar	**une paire** [ynpɛʀ]
ein paar	**quelques** [kɛlk]
wenige	**peu de** [pød(ə)]
manche	**maints/maintes** [mɛ̃/mɛ̃t]
viele	**beaucoup de** [bokud(ə)]
beide	**les deux** [ledø]
alle	**tous/toutes** [tu/tut]
jeder/jede/jedes	**chaque** [ʃak]

der Taschenrechner
la **calculette**
[kalkylɛt]

das Prozent
pour cent
[puʀsɑ̃]

der Dezimalpunkt
le **point décimal**
[pwɛ̃desimal]

dividieren
diviser
[divize]

multiplizieren
multiplier
[myltiplije]

subtrahieren
soustraire
[sustʀɛʀ]

addieren
additionner
[adisjɔne]

ist gleich
égale
[egal]

DIE ZEIT – LE TEMPS

ein Uhr
une heure
[ynœʀ]

zwei Uhr
deux heures
[døzœʀ]

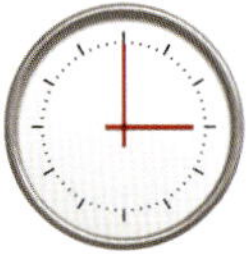

drei Uhr
trois heures
[tʀwɑzœʀ]

vier Uhr
quatre heures
[katʀœʀ]

fünf Uhr
cinq heures
[sɛ̃kœʀ]

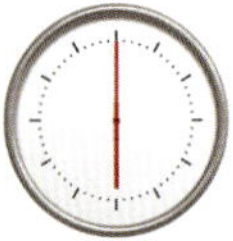

sechs Uhr
six heures
[sizœʀ]

sieben Uhr
sept heures
[sɛtœʀ]

acht Uhr
huit heures
[ˈɥitœʀ]

zwölf Uhr mittags
midi
[midi]

die Stunde	**l'heure** [œʀ]
die Minute	la **minute** [minyt]
eine halbe Stunde	**une demi-heure** [ynd(ə)miœʀ]
die Sekunde	la **seconde** [s(ə)gɔ̃d]
Wie viel Uhr ist es?	**Quelle heure est-il?** [kɛlœʀɛtil]
Es ist zwei Uhr.	**Il est deux heures.** [ilɛdøzœʀ]
Um wie viel Uhr?	**À quelle heure?** [akɛlœʀ]
Um sieben Uhr.	**À sept heures.** [asɛtœʀ]

DIE ZEIT – LE TEMPS

dreizehn Uhr
treize heures
[tʀɛzœʀ]

vierzehn Uhr
quatorze heures
[katɔʀzœʀ]

fünfzehn Uhr
quinze heures
[kɛ̃zœʀ]

sechzehn Uhr
seize heures
[sɛzœʀ]

siebzehn Uhr
dix-sept heures
[dissɛtœʀ]

dreiundzwanzig Uhr
vingt-trois heures
[vɛ̃ttʀwɑzœʀ]

Mitternacht
minuit
[minɥi]

fünf nach zwölf
midi cinq
[midisɛ̃k]

halb elf	**dix heures et demie** [dizœʀ ed(ə)mi]
zwanzig vor sieben	**sept heures moins vingt** [sɛtœʀ mwɛ̃vɛ̃]
Viertel vor zwölf	**midi moins le quart** [midi mwɛ̃l(ə)kaʀ]
Wann?	**Quand?** [kɑ̃]
Vor/in zehn Minuten.	**Il y a/dans dix minutes.** [ilja/dɑ̃ di minyt]
Gegen Mittag.	**Vers midi.** [vɛʀmidi]
Seit wann?	**Depuis quand?** [dəpɥikɑ̃]
Seit gestern.	**Depuis hier.** [dəpɥi(z)jɛʀ]

Viertel nach neun
neuf heures et quart
[nœvœʀ ekaʀ]

DIE ZEIT – LE TEMPS

die Mitternacht
(la) **minuit**
[minɥi]

der Morgen
le **matin**
[matɛ̃]

der Mittag
(le) **midi**
[midi]

der Nachmittag
l'après-midi
[apʀɛmidi]

der Abend
le **soir**
[swaʀ]

der Frühling
le **printemps**
[pʀɛ̃tɑ̃]

der Sommer
l'été
[ete]

der Herbst
l'automne
[otɔn]

der Winter
l'hiver
[ivɛʀ]

heute	**aujourd'hui** [oʒuʀdɥi]
morgen	**demain** [dəmɛ̃]
übermorgen	**après-demain** [apʀɛd(ə)mɛ̃]
gestern	**hier** [jɛʀ]
vorgestern	**avant-hier** [avɑ̃tjɛʀ]
Welches Datum haben wir heute?	**C'est quelle date, aujourd'hui?** [sɛ kɛl dat oʒuʀdɥi]
der 9. September 2016	le **9 septembre 2016** [nœf sɛptɑ̃bʀ dømil sɛz]
der Feiertag	le **jour férié** [ʒuʀfeʀje]

der Sonntag
(le) **dimanche**
[dimɑ̃ʃ]

der Dienstag
(le) **mardi**
[maʀdi]

der Donnerstag
(le) **jeudi**
[ʒødi]

der Monat
le **mois**
[mwa]

der Montag
(le) **lundi**
[lœ̃di]

der Mittwoch
(le) **mercredi**
[mɛʀkʀədi]

der Freitag
(le) **vendredi**
[vɑ̃dʀədi]

der Samstag
(le) **samedi**
[samdi]

das Datum
la **date**
[dat]

der Wochentag
le **jour de semaine**
[ʒuʀdəs(ə)mɛn]

die Woche
la **semaine**
[s(ə)mɛn]

der Tag
le **jour**
[ʒuʀ]

das Wochenende
le **week-end**
[wikɛnd]

das Jahr
l'année
[ane]

MASSE – MESURES

der/das Liter
le **litre**
[litʀ]

der/das Milliliter
le **millilitre**
[mililitʀ]

die Unze
l'once
[ɔ̃s]

das Pint
la **pinte**
[pɛ̃t]

das Gramm
le **gramme**
[gʀam]

das Kilogramm
le **kilogramme**
[kilɔgʀam]

die Meile
le **mille**
[mil]

der Kilometer
le **kilomètre**
[kilɔmɛtʀ]

der/das Meter	le **mètre** [mɛtʀ]
der/das Quadratmeter	le **mètre carré** [mɛtʀkaʀe]
der/das Millimeter	le **millimètre** [milimɛtʀ]
der/das Zentimeter	le **centimètre** [sɑ̃timɛtʀ]
der Zoll	le **pouce** [pus]

INDEX
INDEX

Index Französisch
Index français

Index und Aussprache Deutsch
Index et prononciation allemands

INDEX FRANZÖSISCH
INDEX FRANÇAIS

9 septembre 2016, le 114

A

à l'heure 46
À quelle heure? 112
À sept heures. 112
à vendre 16
abri-bus, l' 44
abricot, l' 53
accélérateur, l' 41
accès Internet illimité, l' 89
accident de la circulation, l' 43
accouchement, l' 69
accoudoir, l' 73
accu, l' 89
accumulateur, l' 31
adaptateur, l' 33
additionner 111
adolescente, l' 12
adresse, l' 91
adresse électronique, l' 88
adulte, l' 13
affichage du prix, l' 42
affichage du volume, l' 42
agent blanchissant, l' 28
aggrandissement, l' 16
agneau, l' 48
agrafeuse, l' 81
agression, l' 101
ail, l' 50
aine, l' 64
airbag, l' 41
aire de repos, l' 37
alimentation saine, l' 60
allaiter 69
aller et retour 46
allergie, l' 71
ambulance, l' 100
ami, l' 12
amie, l' 12
amis, les 13
ampoule, l' 33, 74
ampoule à faible consommation, l' 33
analgésique, l' 77
année, l' 115
anniversaire, l' 14
annulaire, l' 66
annuler 87
antivol, l' 45
appareil auditif, l' 73
apparenté 12
appartement en copropriété, l' 16
Appelez la police! 102
Appelez les pompiers! 102
Appelez une ambulance! 102
appendice, l' 68
appli, l' 89
appuie-tête, l' 41
après-demain 114
après-midi, l' 114
après-shampooing, l' 78
armoire d'appoint, l' 20
arracher les mauvaises herbes 34
arrêt de bus, l' 44
arrêter l'ordinateur 87
arroser à l'arrosoir 34
articles pour bébé, les 62
ascenseur, l' 17
assiette plate, l' 59
assistante, l' 83
assouplissant, l' 28
asthme, l' 72
attaque à main armée, l' 101
Au revoir! 14
Au secours! 102
aubergine, l' 52
aujourd'hui 114
auriculaire, l' 66
automne, l' 114
autoroute, l' 37
avancement, l' 83
avant-dernier/avant-dernière 109
avant-hier 114
avertisseur, l' 41
Avez-vous aussi cela dans la taille au-dessus/au-dessous? 97
avoir, l' 89
avoir une piqûre 71

B

bac à peinture, le 32
bagel, le 56
baguette, la 56, 59
baignoire, la 27
balai, le 31
balai à franges, le 29
balance, la 92
balance de cuisine, la 23
balayette, la 29
balcon, le 18
balle, la 26
banane, la 54
bandage, le 75
bande d'arrêt d'urgence, la 37
bande de gaze, la 75
barre chocolatée, la 58
barre de défilement, la 87
barre de progression, la 87
barre des tâches, la 87
batterie, la 42
batteur, le 23
bavette, la 94
beaucoup de 111
beau-frère, le 10
beau-père, le 10, 13
bébé, le 12
bêche, la 34
belle-mère, la 10, 13
belle-sœur, la 10
béquille, la 73
betterave, la 50
betterave rouge, la 50
beurre, le 49
biberon, le 69
Bienvenue! 14
bière, la 57
billet de banque, le 105
billion, un 107
blanc d'œuf, le 49
blazer, le 96
blister, le 76
bloc désodorisant, le 27
bœuf, le 48
boîte à gants, la 41
boîte à lettres, la 16, 91, 92
boîte de réception, la 88
boîte de vitesses, la 42
boîte d'envoi, la 88

boîte postale, la 91
bon de caisse, le 62
bonbon contre la toux, le 77
Bonjour! 14
bonnet, le 94
Bonsoir! 14
botte en caoutchouc, la 98
botte montante, la 98
bottine, la 96
bouche, la 67
bouche d'incendie, la 102
bouche-à-bouche, le 100
boucle, la 98
bouée de sauvetage, la 102
bougie, la 21
bouilli 52
bouilloire, la 23
boule Quiès®, la 77
bouton, le 97
bouton de demande d'arrêt, le 44
bouton marche-arrêt, le 84
bras, le 64
brocoli, le 51
bronchite, la 71
brosse, la 29
brosse à cheveux, la 78
brosse à W.-C., la 27
brouette, la 34
brûlure, la 74
buffet, le 19
bureau de change, le 105
bus de ligne, le 44
bus scolaire, le 44
bus surbaissé, le 44

C

Ça va bien, je le/la prends. 97
câble, le 90
câble de démarrage, le 43
câble électrique, le 84
caddie, le 61
cæcum, le 68
café, le 57
café à emporter, le 57
cafetière électrique, la 23
cage d'escalier, la 17
cage thoracique, la 64
caisse, la 61
caisse à outils, la 32
caisse d'assurance maladie, la 70
caisse libre-service, la 61
caissier, le 61
caissière, la 104
calandre, la 39
calculette, la 111
caleçon, le 95
calmant, le 77
calories, les 60
canapé, le 20
canapé-lit, le 19
candidate, la 80
candidature, la 80
canne blanche d'aveugle, la 73
cantaloup, le 54
capot, le 40
capsule, la 76
car de tourisme, le 44
carnet, le 81
carotte, la 50
carreler 32
cartable, le 26
carte d'abonnement mensuelle, la 44
carte de crédit, la 105
carte eurochèque, la 104
carte prépayée, la 89
carte SIM, la 89
cartouche de toner, la 85
cartouche d'encre, la 85
casque, le 90
casque de cycliste, le 45
casser le pied, se 74
caution, la 17
cave, la 17
CD-ROM, le 85
ceinture, la 98
ceinture de sécurité, la 41
célibataire 12
cent 107
cent mille 107
centième 109
centimètre, le 116
céréales pour petit-déjeuner, les 62
cerise, la 53
C'est quelle date, aujourd'hui? 114
chaîne, la 45
chaise, la 21
chaise haute, la 19
chandail, le 96
changer 46
changer le pneu 43
chantier, le 38
chapeau de soleil, le 94
chaque 111
chauffage central, le 33
chauffage par le sol, le 33
chauffage solaire, le 33
chausse-pied, le 19
chaussette, la 97
chausson pour bébé, le 94
chaussure à lacets, la 98
chaussure de marche, la 98
chef d'équipe, le 82
chemin de table, le 21
cheminée, la 18, 20
chemise, la 95
chemisier, le 96
chercher 86
cheveux, les 67
cheville, la 65
chien d'aveugle, le 73
chips, les 58
chou de Bruxelles, le 51
chou frisé, le 51
chou pommé blanc, le 51
chou rouge, le 51
chou-fleur, le 51
cil, le 67
cinq 106
cinq et trois huitièmes 110
cinq heures 112
cinquante 107
cinquante mille 107
cinquante-cinq mille 107
cinquantième 109
cinquième 108
cinquième, un 110
cintre, le 19
ciseaux, les 81
ciseaux à ongles, les 78
ciseaux à pansements, les 75
citron, le 54
citron vert, le 54
civière, la 100
classeur, le 81
clavier, le 84, 90
clavier à touches, le 104
clé à écrous, la 30
clé anglaise, la 43
clé de la maison, la 16
clé mâle à six pans, la 31
clé USB, la 85
clémentine, la 54
cliente, la 61
cliquer 86
clou, le 30
coca, le 57
code confidentiel, le 104
code postal, le 91
code-barres, le 61
cœur, le 68
coffre, le 40
coffret de coupe-circuits, le 33
col, le 95
colis, le 92
collant, le 97
collègue, la/le 83
coller 86
combinaison d'hiver, la 94
combiné, le 90
commander 58
Comment tu t'appelles? 14
Comment vous appelez-vous? 14
commode, la 25
commotion cérébrale, la 74
commutateur des feux clignotants, le 41
composer un numéro 90
comprimé, le 76
comprimé effervescent, le 76

compte courant, le 104
compte d'épargne, le 104
compte d'utilisateur, le 88
compteur électrique, le 33
concierge, le 17
conditions de travail, les 80
congé annuel, le 83
congélateur, le 22
connaissance, la 13
connecter, se 85
conserves, les 62
contenant du plomb 42
contrat de location, le 17
copier 86
corbeille, la 86
corbeille à linge sale, la 28
corde à linge, la 28
cordon ombilical, le 69
corps, le 94
costume, le 95
côté du chauffeur, le 39
côté du passager, le 39
cou, le 64
couche en tissu, la 94
couche jetable, la 94
coude, le 65
coup de soleil, le 74
coup du lapin, le 74
couper 52
couper le chauffage 33
couple, le 12
coups et blessures, les 101
coupure, la 74
cour, la 16
courgette, la 52
courrier poubelle, le 88
courroie, la 98
cousine, la 11
couteau, le 59
couteau de cuisine, le 24
couteau de poche, le 31
couvercle, le 57
couverture, la 25
couverture pour bébé, la 94
crabe, le 48
craint l'humidité 92
cravate, la 95
crayon, le 81
crème, la 49
crème pour le visage, la 78
creux poplité, le 65
crevaison, la 43
crevette, la 48
croisement, le 37
croissant, le 56
cru 52
cuillère à dessert, la 59
cuillère à soupe, la 59
cuillère en bois, la 24
cuiseur à riz, le 23
cuisine équipée, la 22
cuisinière, la 22
cuisse, la 64
cultiver 34
curriculum vitae, le 80
curseur, le 87
cutter à moquette, le 30

D

danger, le 102
Dans dix minutes. 113
date, la 115
date de péremption, la 77
déambulateur, le 73
déconnecter, se 85
décoration de table, la 21
découper 86
découvert, le 104
défibrillateur, le 100
délit, le 101
demain 114
démettre le bras/une vertèbre, se 74
demi, un/demie, une 110
demi-frère, le 13
demi-heure, une 112
demi-sœur, la 13
dent, la 67
déodorant, le 77
déplacer un fichier 85
Depuis hier. 113
Depuis quand? 113
dernier/dernière 109
descendre 46
désinstaller un programme 87
destinataire, le 91
détachant, le 28
détecteur de fumée, le 17, 102
détersif pour W.-C., le 29
deux 106
deux cent vingt-cinquième 109
deux cent vingt-deux 107
deux cinquièmes 110
deux dix-septièmes 110
deux fois 110
deux heures 112
deux-centième 109
deuxième 108
devise, la 105
diabète, le 72
diagnostic, le 70
diarrhée, la 71
diesel, le 42
dimanche, (le) 115
Directrice des Ressources Humaines, la 80
disparu/disparue, le/la 102
distributeur de billets, le 105
distributeur de tickets, le 44
diviser 111
divorcé 12
dix 106
dix heures et demie 113
dix mille 107
dix-huit 107
dix-huitième 108
dixième 108
dix-millième 109
dix-millionième 109
dix-neuf 107
dix-neuvième 108
dix-sept 107
dix-sept heures 113
dix-septième 108
dongle USB, le 89
donner sa démission 83
dormeuse, la 26
dos, le 65
dosage, le 76
dossier, le 86
dossier de candidature, le 80
double 110
douche, la 27
douleurs, les 69
douze 107
douzième 108
dragonne, la 44
drap, le 25
DRH (Directrice des Ressources Humaines), la 80

E

eau, l' 57
échalote, l' 50
échalote nouvelle, l' 50
échographie, l' 69
écorce, l' 54
écran, l' 84
écran tactile, l' 89
écrou, l' 30
effet secondaire, l' 77
effraction, l' 101
égale 111
embouteillage, l' 37
embrasser quelqu'un 14
employeur, l' 83
enceinte 69
encodage, l' 88
endive, l' 51
enduire 32
enfant, l' 12
engrais, l' 34
enjoliveur, l' 40
enlever la tapisserie 32
entrée, l' 37
entrée interdite 38
entrer 85
enveloppe, l' 91
envoi en recommandé, l' 91
envoyer 88
envoyer une lettre à quelqu'un 91
épaule, l' 64
épaulette, l' 96
épicerie fine, l' 62
épinards, les 51
épluché 54
épluche-légumes, l' 24

éplucher 52
éponge, l' 29
épouse, l' 10
équipe de recherches, l' 102
éruption cutanée, l' 71
escalier roulant, l' 46
essence, l' 42
essorer le linge 28
essuie-glace, l' 39
essuie-tout, l' 23
Est-ce que cette place est libre? 46
Est-ce que je peux essayer cela? 97
estomac, l' 68
étagère, l' 19
été, l' 114
étendre le linge 28
éternuement, l' 72
être congédié 83
évier, l' 22
examen échographique, l' 69
excès de vitesse, l' 37
Excusez-moi, je me suis trompée de numéro. 90
exhausteur de goût, l' 60
expéditeur, l' 91
expérience professionnelle, l' 80
extincteur, l' 42, 102

F

facture, la 105
faire défiler 86
faire démarrer l'ordinateur 87
faire signe 14
faire une copie de sauvegarde 85
faire une demande d'emploi 80
faire une piqûre à quelqu'un 71
faire une prise de sang à quelqu'un 70
faitout, le 24
farine de froment, la 56
faute, la 101
fauteuil, le 20
fauteuil roulant, le 73
femme, la 12
fenêtre, la 18
fenêtre latérale, la 40
fenêtre mansardée, la 18
fer à repasser, le 28
fermeture à glissière, la 97
fermeture Velcro®, la 97
fesses, les 65
feu arrière, le 40
feu clignotant, le 39
feu de brouillard, le 39
feu de stop, le 40
feuilles de thé, les 57
feuillet, le 82
feux de circulation, les 36
feux pour piétons, les 36
fiche d'alimentation, la 33
fichier, le 87
fièvre, la 72
fille, la 10
film de protection, le 32
fils, le 10
foie, le 68
fois, une 110
formule de virement, la 105
fouler le pied, se 74
four, le 22
four à micro-ondes, le 23
fourchette, la 59
fracture, la 74
fragile 92
fraise, la 53
framboise, la 53
franco de port 92
frein à main, le 41
freiner 45
frère, le 11
frères et sœurs, les 13
fromage, le 49
fromage blanc, le 49
front, le 67
fructose, le 60
fruits et légumes, les 62
fusible, le 33

G

gagner 83
gant de cuisine, le 24
gant en caoutchouc, le 29
garage, le 17
gare routière, la 44
gel douche, le 78
gendre, le 10
genou, le 64
gilet de sauvetage, le 102
glande thyroïde, la 68
glucose, le 60
gobelet, le 57
gobelet mesureur, le 76
gombo, le 52
gomme, la 81
gouttes, les 76
gouttière, la 18
graisse, la 60
gramme, le 116
grand 58
grand-mère, la 11
grand-père, le 11
grands-parents, les 12
graphique à secteurs circulaire, le 82
grenier, le 17
grenouillère, la 94
grille-pain, le 23
grippe, la 72
gros intestin, le 68
gros orteil, le 66
grosse lentille, la 52
guichet, le 104
guidon, le 45

H

hamburger, le 58
hanche, la 64
harceler 101
haricot vert, le 52
haut 92, 96
haut à bretelles, le 96
haut-parleur, le 84
herbicide, l' 34
hernie discale, la 74
heure, l' 112
heure, une 112
heures de consultation, les 70
heures de levée, les 92
hier 114
hiver, l' 114
hochet, le 26
homard, le 48
homme, l' 12
horaire, l' 44
horloge, l' 19
hotte aspirante, la 22
huile d'olive, l' 55
huit 106
huit heures 112
huitième 108
huitième, un 110
hypertension, l' 72
hypotension, l' 72
hypothèque, l' 104

I

Il est arrivé un accident! 102
Il est deux heures. 112
Il y a dix minutes. 113
immeuble, l' 16
imprimante à jet d'encre, l' 85
imprimante laser, l' 85
imprimer un fichier 86
index, l' 66
infection, l' 71
installer un programme 87
interdiction de faire demi-tour 38
interdiction de s'arrêter, l' 38
interdiction de tourner à droite 38
interdiction de tourner à gauche 38
interface USB, l' 84
interphone, l' 16
interphone pour bébé, l' 26
interrupteur, l' 33
intestin grêle, l' 68
intolérance alimentaire, l' 60

J

jamais 110
jambe, la 64
jaune d'œuf, le 49
Je m'appelle ... 14

Je suis en panne. 43
Je voudrais commander quelque chose à emporter. 58
Je voudrais ouvrir un compte. 105
Je voudrais parler à ... s'il vous plaît. 90
Je vous le/la passe. 90
jean, le 96
jeudi, (le) 115
jeune fille, la 13
jeune garçon, le 13
jeûner 60
joue, la 67
jour, le 115
jour de semaine, le 115
jour férié, le 114
jumelles, les 12
jupe, la 96
jus d'orange, le 57

K

ketchup, le 55
kilogramme, le 116
kilomètre, le 116

L

lacet, le 98
laisser la priorité 38
lait, le 49
lait en poudre, le 69
laitue pommée, la 51
lampe, la 20
lampe de chevet, la 25
landau, le 26
langage gestuel, le 73
lavabo, le 27
lave-linge, le 28
laver le linge 28
lave-vaisselle, le 22
Le moteur ne démarre pas. 43
lecteur de carte à puce, le 104
lecteur de CD/DVD, le 84
leggings, les 97
les deux 111
lessive en poudre, la 28
lettre, la 91
lettre express, la 91
levier de frein, le 45
levier de vitesses, le 41, 45
lèvre, la 67
licencier quelqu'un 83
lieu de rassemblement, le 102
ligne, la 33
ligne médiane, la 37
lime à ongles, la 77
limitation de vitesse, la 38
lingette, la 77
liquide amniotique, le 69
lit à deux places, le 25
litre, le 116
livrer 58, 92
locataire, le 17
logement en location, le 16
logiciel, le 89
louer 17
loyer, le 17
lucarne, la 18
lundi, (le) 115
lunettes, les 97
lunettes de soleil, les 97
lustre, le 21

M

Madame ... 12
maillot de bain, le 97
main, la 65
main-courante, la 73
maints/maintes 111
maïs, le 52
maison individuelle, la 16
majeur, le 66
mal à la gorge, le 71
mal à l'estomac, le 71
malade 72
manageuse, la 83
mandat postal, le 92
manomètre, le 42
marchandise, la 61
mardi, (le) 115
mari, le 10
mariage, le 14
marié 12
marraine, la 13
marteau, le 30
mastic, le 32
mastiquer à la spatule 32
matelas, le 25
matin, le 114
maux de tête, les 71
médecin, le 70
médias sociaux, les 88
médicament, le 76
melon brodé, le 54
mémoriser 86
menton, le 67
mercredi, (le) 115
mère, la 11
message, le 88
message d'absence automatique, le 88
mesure du pouls, la 100
mesurer la tension 70
mètre, le 116
mètre à ruban, le 30
mètre carré, le 116
métro, le 46
mettre de l'engrais 34
mettre en surbrillance 85
mettre le chauffage 33
meuble de télévision, le 19
meurtre, le 101
micro, le 90
midi, (le) 112, 114
midi cinq 113
midi moins le quart 113
mijoté 52
mille, (la) 107, 116
milliard, un 107
millième 109
millilitre, le 116
millimètre, le 116
million, un 107
millionième 109
minibus, le 44
minuit, (la) 113, 114
minute, la 112
miroir, le 20, 27
mixeur, le 23
mois, le 115
mollet, le 65
mollette de défilement, la 84
Monsieur ... 12
montant, le 105
monter 46
moquette, la 20
moteur, le 42
mouffle, la 94
moule, la 48
moulin à poivre, le 55
moutarde, la 55
moyen 58
multiple 110
multiplier 34, 111
mûre, la 53
myrtille, la 53

N

nacelle, la 26
nappe, la 59
nausée, la 71
navigateur, le 88
naviguer sur Internet 88
ne pas plier, S.V.P. 92
nectarine, la 53
neuf 106
neuf heures et quart 113
neuvième 108
neveu, le 11
nez, le 67
nièce, la 11
niveau à eau, le 30
notice, la 77
nouilles frites, les 58
nugget, le 58
numéro d'appel d'urgence, le 102
numéro de compte, le 104
numéro de la maison, le 16
numéro de la voie, le 46
nuque, la 65

O

octets, (les) 85
œil, l' 67
œuf de poule, l' 49
offre d'emploi, l' 80
offre spéciale, l' 61

oignon, l' 50
oignon rouge, l' 50
omoplate, l' 65
once, l' 116
oncle, l' 11, 66
onze 107
onzième 108
orange, l' 54
ordinateur de bureau, l' 84
ordinateur portable, l' 84
ordonnance, l' 70
ordre du jour, l' 82
oreille, l' 67
oreiller, l' 25
ouvre-boîte, l' 24
ouvrir un fichier 86

P

paiement en ligne, le 104
paillasson, le 16
pain blanc, le 56
pain complet, le 56
pain turc, le 56
paire, une 111
pamplemousse, le 54
panais, le 50
panier d'achat, le 61
panneau des distances, le 37
pansements, les 75
pantalon, le 95
papier de verre, le 30
papier hygiénique, le 27
paquet, le 92
par avion 92
paramètres, les 87
parc, le 26
pare-brise, le 39
pare-chocs , le 39
parent/e, le/la 12
parents, les 12
parfum, le 78
parquet, le 21
parrain, le 13
participant, le 82
passage protégé pour piétons, le 36
passage souterrain, le 37
passage supérieur, le 37
passant de ceinture, le 98
passoire, la 24
pastèque, la 54
patate douce, la 50
pâte dentifrice, la 78
patère, la 19
patiente, la 70
pâtisseries, les 62
patron, le 83
pêche, la 53
pédale, la 45
pédale de frein, la 41
pédale d'embrayage, la 41
peigne, le 78
peinture, la 32
pelle à ordures, la 29
pente, la 38
perceuse, la 31
perceuse à accu, la 31
perceuse électrique, la 31
père, le 11
perforateur, le 81
petit 58
petit cadeau, le 14
petit orteil, le 66
petit pain, le 56
petit pain garni, le 56
petite-fille, la 10
petit-fils, le 10
peu de 111
phare, le 40
phare de recul, le 40
pièce de jeu de construction, la 26
pièce de monnaie, la 105
pièce jointe, la 88
pied, le 64
piment rouge, le 52
pince à épiler, la 78
pince à linge, la 28
pince universelle, la 30
pinceau plat, le 32
pinte, la 116
piqûre d'insecte, la 74
pizza, la 58
placard haut, le 22
placenta, le 69
plafond, le 20
plaie, la 74
plan de travail, le 22
planche à découper, la 24
planche à repasser, la 28
plante d'appartement, la 21
plaque de four, la 23
plaque minéralogique, la 39
plateau, le 24
pleurer 14
plusieurs fois 110
pneu, le 40, 45
pneu de rechange, le 43
poche des eaux, la 69
poids, le 92
poignée de la portière, la 40
poignée de poussée, la 73
poignet, le 65
point décimal, le 111
poire, la 53
poireau, le 50
poivre, le 55
poivron, le 52
police de caractères, la 87
policier, le 101
policière, la 101
polo, le 95
pommade, la 76
pomme, la 53
pomme de terre, la 50
pommes frites, les 58
pompe à bicyclette, la 45
pompe à essence, la 42
pompier, le 102
pont, le 36
porc, le 48
port, le 92
port payé 91
porte d'entrée, la 18
porte-crayons, le 81
portière, la 40
position latérale stable, la 100
post-it®, le 81
pot, le 26
pot d'échappement, le 42
pot-au-feu, le 59
pouce, le 66, 116
poulet, le 48
poumon, le 68
poupée, la 26
pour cent 111
Pourriez-vous appeler le service de dépannage, s'il vous plaît? 43
Pourriez-vous changer cela, s'il vous plaît? 105
Pourriez-vous m'aider à changer le pneu? 43
Pourriez-vous m'aider à démarrer? 43
Pourriez-vous me rappeler, s'il vous plaît? 90
pousser 69
premier étage, le 18
premier -ière 108
prendre congé 14
prendre du carburant 42
prendre la fuite 101
prendre sa retraite 83
présentation, la 82
présenter quelqu'un 13
prêt, le 104
printemps, le 114
priorité, la 37
prise de courant, la 33
prise multiple, la 33
prix du trajet, le 44
produit d'entretien, le 29
produit désinfectant, le 75
produit d'étanchéité, le 32
produit diluant, le 32
produit dissolvant, le 32
produit pour la vaisselle, le 29
produit solaire, le 77
produits laitiers, les 62
produits surgelés, les 62
programme, le 87
projecteur vidéo, le 82
propriétaire, le 17
propriété, la 16
protège-slip, le 77
provision, la 105
provoquer l'accouchement 69

prune, la 53
pubis, le 64
pull à col roulé, le 95
punaise, la 81
purée, la 52

Q

quadruple 110
quai, le 46
qualification, la 80
Quand? 113
quarante 107
quarantième 109
quart, un 110
quartier, le 54
quatorze 107
quatorze heures 113
quatorzième 108
quatre 106
quatre fois 110
quatre heures 112
quatre-vingt-dix 107
quatre-vingt-dixième 109
quatre-vingtième 109
quatre-vingts 107
quatrième 108
Quel est le taux de change actuel? 105
Quelle heure est-il? 112
quelquefois 110
quelques 111
quintuple 110
quinze 107
quinze heures 113
quinzième 108

R

rabattre 34
raclette en caoutchouc, la 29
radiateur, le 33, 42
radis, le 50
raisin, le 53
rallonge, la 33
râpe, la 24
rate, la 68
rateau, le 34
rayon, le 45
rayon de marchandises, le 61
rayon poissonnerie, le 62
rayon réfrigéré, le 62
rebord de la fenêtre, le 21
recevoir 88
recevoir une lettre 91
récolter 34
recommandation, la 70
reculer 37
récupérer 87
redémarrage, le 85
rédiger le procès-verbal 82
réduit en purée 52
réfrigérateur, le 22
refroidissement, le 72
régime, le 60
remplacement, le 83
remplir le lave-linge 28
rendez-vous, le 70
réparer une chambre à air 45
repasser 28
répondeur automatique, le 90
répondre à une lettre 91
repose-pied, le 41, 73
réservation de place assise, la 46
réservoir d'essence, le 42
résultats, les 70
retard, le 46
retirer de l'argent 105
rétroviseur, le 39
rétroviseur extérieur, le 40, 41
réverbère, le 36
rez-de-chaussée, le 18
rhume, le 72
rhume des foins, le 72
rideau, le 20
rire 14
robe, la 96
robinet, le 27
robot de cuisine, le 23
rond-point, le 36
rôtir 52
roue, la 39
roue arrière, la 45
roue avant, la 45
roue de secours, la 43
rouleau de tapisserie, le 32
routeur, le 89
ruban adhésif, le 32
rue à sens unique, la 38

S

sablier, le 87
sac à dos, le 97
sac à ordures, le 31
sac de voyage, le 97
sac pour accessoires de bébé, le 26
sachet de thé, le 57
sage-femme, la 69
saignement, le 74
saigner 74
sain 72
salade, la 59
salade iceberg, la 51
salaire, le 83
salarié, le 83
salé 58
salle d'attente, la 70
saluer quelqu'un 13
Salut! 14
samedi, (le) 115
sandale, la 98
sandale de marche, la 98
sandwich, le 56
sang, le 74
sans gluten 60
sans lactose 60
sans œufs 60
sans plomb 42
sans sucre 60
s'arrêter 37
sauce au soja, la 55
sauce mayonnaise, la 55
saumon, le 48
sauteuse, la 24
savon, le 78
scanner, le 61, 85
scie à main, la 30
scotch®, le 81
séance, la 82
seau, le 29
sécateur, le 34
sèche-linge, le 28
séchoir à linge, le 28
seconde, la 112
secouriste, le 100
sein, le 64
seize 107
seize heures 113
seizième 108
sel, le 55
selle, la 45
semaine, la 115
s'embrasser 13
semelle, la 98
semelle compensée, la 98
semis, le 34
sept 106
sept et demi 110
sept heures 112
sept heures moins vingt 113
septième 108
seringue, la 76
serrer la main, se 13
serrure, la 16
service de livraison, le 58
serviette, la 59
serviette de toilette, la 27
seuil de la porte, le 18
s'évanouir 74
sextuple 110
shampooing, le 78
short, le 96
siège du chauffeur, le 41
siège du passager, le 41
signalement d'une erreur, le 87
simple 110
s'incliner 13
sirop contre la toux, le 76
six 106
six heures 112
sixième 108
slip, le 95, 97
slip de bain, le 95
smartphone, le 89
socquette, la 94
sodium, le 60

sœur, la 11
soins de la peau, les 77
soir, le 114
soixante 107
soixante-dix 107
soixante-dixième 109
soixantième 109
somnifère, le 77
sonner 90
sonnerie, la 89
sonnette d'entrée, la 16
sortie, la 37
sortie de secours, la 102
soupe, la 59
sourcil, le 67
souris, la 84
soustraire 111
soute à bagages, la 44
soutien-gorge, le 97
sparadrap, le 75
spatule, la 32
steak de poisson, le 48
stéthoscope, le 70
store enrouleur, le 21
stylo à bille, le 81
sucette, la 94
sucre, le 60
sucré 58
support d'informations, le 89
supprimer 86
surligneur, le 81
sushi, le 58
symptôme, le 77
système d'exploitation, le 87

T

table à tapisser, la 32
table de chevet, la 25
table de conférence, la 82
table de salle à manger, la 21
table de salon, la 20
tableau de bord, le 41
tableau des clés, le 19
tablette tactile, la 89
tablier, le 23
tabouret, le 25
tabouret de cuisine, le 22
taco, le 58
taie d'oreiller, la 25
taille, la 65
taille-crayon, le 81
talon, le 65, 98
tampon hygiénique, le 77
tante, la 11
taper 85
tapis, le 25
tapis de caisse, le 61
tapis de souris, le 85
tapisser 32
taux d'intérêts, le 104
tee-shirt, le 95
téléchargement, le 88
télécopieur, le 90
téléphone portable, le 89
téléphoner à quelqu'un 14, 90
temps complet, le 80
temps partiel, le 80
tennis, la 98
terrain, le 16
terrasse, la 18
test de grossesse, le 69
tête, la 64
texto, le 89
thermomètre médical, le 77
thon, le 48
tibia, le 64
tiers, un 110
timbre, le 91
tiroir, le 22
tisane, la 57
titre de transport, le 44
toit, le 18, 39
tomate, la 52
tondeuse à gazon, la 34
tondre la pelouse 34
tong, la 98
tortilla, la 56
tournevis, le 30
tous/toutes 111
toux, la 72
trachée, la 68
trafic en sens inverse, le 38
train, le 46
traitement, le 70
tramway, le 46
tranche, la 56
transformation, la 16
transmettre un e-mail 88
travail par roulement, le 80
treize 107
treize heures 113
treizième 108
trente 107
trentième 109
triple 110
trois 106
trois fois 110
trois heures 112
trois quarts 110
trois-centième 109
troisième 108
trombone, le 81
trottoir, le 36
trousse de secours, la 75
trousse de toilette, la 78
truite, la 48
tuile, la 18
tunnel, le 36
tuyau d'arrosage, le 34
tuyau d'échappement, le 42
tuyau du distributeur, le 42

U

un 106
Un aller simple pour ... S.V.P. 46

V

valise, la 97
vaporisateur, le 29
vase à fleurs, le 19
végan 60
végétarien 60
vendredi, (le) 115
ventilateur, le 20, 42
ventre, le 64
verglas, le 38
verre à eau, le 59
verre à vin, le 59
Vers midi. 113
verser de l'argent 105
vertige, le 71
vestibule, le 17
veston, le 95
veuf 12
Veuillez laisser un message après le bip sonore. 90
viandes et volailles, les 62
victime de l'accident, la 100
vin blanc, le 57
vin rouge, le 57
vinaigre, le 55
vingt 107
vingt et un 107
vingt et unième 108
vingt mille 107
vingt-deux 107
vingt-deuxième 108
vingtième 108
vingt-trois 107
vingt-trois heures 113
viol, le 101
violence, la 101
virus, le 71
vis, la 30
visuel, le 90
vitrine, la 19, 21
voie de circulation, la 36
voie de gauche, la 37
voisin, le 13
voisine, la 13
voiture de police, la 101
vol, le 101
vol à la tire, le 101
volant, le 41

W

W.-C., les 27
webcam, la 84
week-end, le 115
wifi, la 88
wok, le 24

Y

yaourt, le 49

Z

zéro 106
zone d'ombre radio, la 89

INDEX UND AUSSPRACHE DEUTSCH
INDEX ET PRONONCIATION ALLEMANDS

9. September 2016, der ['nɔyntə zɛp'tɛmbɐ tsvaitausn̩'zɛçtse:n] 114

A

Abdeckband, das ['apdɛkbant] 32
Abdeckfolie, die ['apdɛkfo:li̯ə] 32
Abend, der ['a:bn̩t] 114
Absatz, der ['apzats] 98
Absender, der ['apzɛndɐ] 91
Abwesenheitsnotiz, die ['apve:zənhaɪtsnoti:ts] 88
acht [axt] 106
acht Uhr ['axt 'u:ɐ̯] 112
achte(r, s) ['axtə] 108
Achtel, ein ['axtl̩] 110
achtzehn ['axtse:n] 107
achtzehnte(r, s) ['axttse:ntə] 108
achtzig ['axtsɪç] 107
achtzigste(r, s) ['axtsɪçstə] 109
Adapter, der [a'daptɐ] 33
addieren [a'di:rən] 111
Adresse, die [a'drɛsə] 91
Airbag, der ['ɛ:ɐ̯bɛk] 41
Akku, der ['aku] 31, 89
Akkubohrer, der ['akubo:rɐ] 31
alle ['alə] 111
Allergie, die [alɛr'gi:] 71
Ampel, die ['ampl̩] 36
Anbau, der ['anbau] 16
anhalten ['anhaltn̩] 37
Anhang, der ['anhaŋ] 88
Anrichte, die ['anrɪçtə] 19
Anrufbeantworter, der ['anru:fbəʔantvɔrtɐ] 90
Anzug, der ['antsu:k] 95
Apfel, der ['apfl̩] 53
App, die [æp] 89
Aprikose, die [apri'ko:zə] 53
Arbeitgeber, der ['arbaitge:bɐ] 83
Arbeitnehmer, der ['arbaitne:mɐ] 83
Arbeitsbedingungen, die ['arbaitsbədɪŋʊŋən] 80
Arbeitsplatte, die ['arbaitsplatə] 22
Arm, der [arm] 64
Armaturenbrett, das [arma'tu:rənbrɛt] 41
Arm ausrenken, sich den [de:n 'arm ausrɛŋkn̩] 74
Armlehne, die ['armle:nə] 73
Ärztin, die ['ɛ:ɐ̯tstɪn] 70
Assistentin, die [asɪs'tɛntɪn] 83
Asthma, das ['astma] 72
Aubergine, die [obɛr'ʒi:nə] 52
Auf Wiedersehen! [auf 'vi:dɐze:ən] 14
Aufzug, der ['auftsu:k] 17
Auge, das ['augə] 67
Augenbraue, die ['augn̩brauə] 67
Ausfahrt, die ['ausfa:ɐ̯t] 37
ausloggen, sich ['auslɔgn̩] 85
Auspuffrohr, das ['auspʊfro:ɐ̯] 42
Auspufftopf, der ['auspʊftɔpf] 42
ausschneiden ['ausʃnaɪdən] 86
aussteigen ['ausʃtaign̩] 46
Autobahn, die ['autoba:n] 37
Autotür, die ['autoty:ɐ̯] 40

B

Baby, das ['be:bi] 12
Babyartikel, die ['be:biʔartɪkl̩] 62
Babydecke, die ['be:bidɛkə] 94
Babyfäustling, der ['be:bifɔystlɪŋ] 94
Babyfon®, das ['be:bifo:n] 26
Babyschlafsack, der ['be:biʃla:fzak] 26
Babyschühchen, das ['be:biʃy:çən] 94
Babytragetasche, die ['be:bitra:gətaʃə] 26
Backblech, das ['bakblɛç] 23
Backofen, der ['bakʔo:fn̩] 22
Backwaren, die ['bakva:rən] 62
Badeanzug, der ['ba:dəʔantsu:k] 97
Badehose, die ['ba:dəho:zə] 95
Badewanne, die ['ba:dəvanə] 27
Bagel, der ['beɪgl̩] 56
Baguette, das/die [ba'gɛt] 56
Bahnsteig, der ['ba:nʃtaik] 46
Balkon, der [bal'kɔŋ] 18
Ball, der [bal] 26
Banane, die [ba'na:nə] 54
Bandage, die [ban'da:ʒə] 75
Bandscheibenvorfall, der ['bantʃaibn̩fɔɐ̯fal] 74
Batterie, die [batə'ri:] 42
Bauch, der [baux] 64
Bauklötzchen, das ['bauklœtsçən] 26
Baustelle, die ['bauʃtɛlə] 38
Beamer, der ['bi:mɐ] 82
Becher, der ['bɛçɐ] 57
Beförderung, die [bə'fœrdərʊŋ] 83
Behandlung, die [bə'handlʊŋ] 70
beide ['baidə] 111
Beifahrerseite, die ['baifa:rɐzaitə] 39
Beifahrersitz, der ['baifa:rɐzɪts] 41
Bein, das [bain] 64
Beipackzettel, der ['baipaktsɛtl̩] 77
Beistellschrank, der ['baiʃtɛlʃraŋk] 20
Bekannte, der/die [bə'kantə] 13
belästigen [bə'lɛstɪgn̩] 101
belegte Brötchen, das [bə'legtə 'brø:tçən] 56

Benutzerkonto, das [bəˈnʊtsəkɔnto] 88
Benzin, das [bɛnˈtsiːn] 42
Benzintank, der [bɛnˈtsiːntaŋk] 42
Berufserfahrung, die [bəˈruːfsʔɛɐ̯faːrʊŋ] 80
Beruhigungsmittel, das [bəˈruːɪɡʊŋsmɪtl] 77
Besen, der [ˈbeːzn̩] 31
Besprechungstisch, der [bəˈʃprɛçʊŋstɪʃ] 82
bestellen [bəˈʃtɛlən] 58
Betrag, der [bəˈtraːk] 105
Betriebssystem, das [bəˈtriːpszʏsˈteːm] 87
Bettdecke, die [ˈbɛtdɛkə] 25
Bewerberin, die [bəˈvɛrbərɪn] 80
Bewerbungsgespräch, das [bəˈvɛrbʊŋsɡəʃprɛːç] 80
Bewerbungsunterlagen, die [bəˈvɛrbʊŋsʔʊntɐlaːɡn̩] 80
BH, der [beːˈhaː] 97
Bier, das [biːɐ̯] 57
Bildschirm, der [ˈbɪltʃɪrm] 84
Billion, eine [bɪˈli̯oːn] 107
Birne, die [ˈbɪrnə] 53
Bitte hinterlassen Sie eine Nachricht nach dem Signalton. [ˈbɪtə hɪntɐlasn̩ ziː ainə ˈnaːxrɪçt naːx deːm zɪˈɡnaːltoːn] 90
Blase, die [ˈblaːzə] 74
Blazer, der [ˈbleːzɐ] 96
Bleichmittel, das [ˈblaiçmɪtl] 28
bleifrei [ˈblaifrai] 42
Bleistift, der [ˈblaiʃtɪft] 81
Bleistiftspitzer, der [ˈblaiʃtɪftʃpɪtsɐ] 81
Blinddarm, der [ˈblɪntdarm] 68
Blindenhund, der [ˈblɪndn̩hʊnt] 73
Blindenstock, der [ˈblɪndn̩ʃtɔk] 73
Blinkerhebel, der [ˈblɪŋkɐheːbl̩] 41
Blinklicht, das [ˈblɪŋklɪçt] 39
Blumenkohl, der [ˈbluːmənkoːl] 51
Blumenvase, die [ˈbluːmənvaːzə] 19
Bluse, die [ˈbluːzə] 96
Blut, das [bluːt] 74
Blutdruck messen, den [deːn ˈbluːtdrʊk mɛsn̩] 70
bluten [ˈbluːtn̩] 74
Blutung, die [ˈbluːtʊŋ] 74
Body, der [ˈbɔdi] 94
Bohrer, der [ˈboːrɐ] 31
braten [ˈbraːtn̩] 52
Bratpfanne, die [ˈbraːtpfanə] 24
Brausetablette, die [ˈbrauzətablɛtə] 76
bremsen [ˈbrɛmzn̩] 45
Bremshebel, der [ˈbrɛmsheːbl̩] 45
Bremsleuchte, die [ˈbrɛmslɔyçtə] 40
Bremspedal, das [ˈbrɛmspedaːl] 41
Brief, der [briːf] 91
Brief beantworten, einen [ˈbriːf bəˈantvɔrtn̩] 91
Brief erhalten, einen [ˈbriːf ɛɐ̯haltn̩] 91
Briefkasten, der [ˈbriːfkastn̩] 16, 91
Briefmarke, die [ˈbriːfmarkə] 91
Briefumschlag, der [ˈbriːfʔʊmʃlaːk] 91
Brille, die [ˈbrɪlə] 97
Brokkoli, der [ˈbrɔkoli] 51
Brombeere, die [ˈbrɔmbeːrə] 53
Bronchitis, die [brɔnˈçiːtɪs] 71
Brötchen, das [ˈbrøːtçən] 56
Browser, der [ˈbrauzɐ] 88
Brücke, die [ˈbrʏkə] 36
Bruder, der [ˈbruːdɐ] 11
Brust, die [brʊst] 64
Brustkorb, der [ˈbrʊstkɔrp] 64
Bücherregal, das [ˈbyːçɐregaːl] 19
Bügelbrett, das [ˈbyːɡl̩brɛt] 28
Bügeleisen, das [ˈbyːɡl̩ʔaizn̩] 28
bügeln [ˈbyːɡl̩n] 28
Bürgersteig, der [ˈbʏrɡɐʃtaik] 36
Büroklammer, die [byˈroːklamɐ] 81
Bürste, die [ˈbʏrstə] 29
Busbahnhof, der [ˈbʊsbaːnhoːf] 44
Bushaltestelle, die [ˈbʊshaltəʃtɛlə] 44
Butter, die [ˈbʊtɐ] 49
Bytes, (die) [baɪts] 85

C

CD-Laufwerk, das [tseːˈdeːlaufvɛrk] 84
CD-ROM, die [tseːdeːˈrɔm] 85
Chef, der [ʃɛf] 83
Chicorée, der/die [ˈʃikore] 51
Chilischote, die [ˈtʃiːliʃoːtə] 52
Chipkartenterminal, das [ˈtʃipkartn̩tøɐ̯minl] 104
Chips, die [tʃips] 58
Clementine, die [klemɛnˈtiːnə] 54
Cola, die [ˈkoːla] 57
Couchtisch, der [ˈkautʃtɪʃ] 20
Cousine, die [kuˈziːnə] 11
Croissant, das [kro̯aˈsãː] 56

D

Dach, das [dax] 18, 39
Dachboden, der [ˈdaxboːdn] 17
Dachfenster, das [ˈdaxfɛnstɐ] 18
Dachgaube, die [ˈdaxɡaubə] 18
Dachrinne, die [ˈdaxrɪnə] 18
Dachziegel, der [ˈdaxtsiːɡl̩] 18
Darlehen, das [ˈdaːɐ̯leːən] 104
Das passt gut, ich nehme es. [das past ˈɡuːt, ɪç ˈneːmə ɛs] 97
Datei, die [daˈtaɪ] 87
Datei ausdrucken, eine [daˈtaɪ ausdrʊkən] 86
Datei öffnen, eine [daˈtaɪ œfnən] 86
Datei verschieben, eine [daˈtaɪ fɛɐ̯ˈʃiːbən] 85
Datenspeicher, der [ˈdaːtn̩ʃpaiçɐ] 89
Datum, das [ˈdaːtʊm] 115
Daumen, der [ˈdaumən] 66
Decke, die [ˈdɛkə] 20
Deckel, der [ˈdɛkl̩] 57
Defibrillator, der [defibrɪˈlaːtoːɐ̯] 100
Deodorant, das [deodoˈrant] 77
Der Motor springt nicht an. [deːɐ̯ ˈmoːtoːɐ̯ ʃprɪŋt nɪçt an] 43
Desinfektionsmittel, das [dɛsʔɪnfɛkˈtsi̯oːnsmɪtl̩] 75
Desktop-Computer, der [ˈdɛsktɔp kɔmpjuːtɐ] 84
Dessertlöffel, der [dɛˈseːɐ̯lœfl̩] 59
Dezimalpunkt, der [detsiˈmaːlpʊŋkt] 111
Diabetes, der [diaˈbeːtɛs] 72
Diagnose, die [diaˈɡnoːzə] 70
Diät, die [diˈɛːt] 60
Dickdarm, der [ˈdɪkdarm] 68
Diebstahl, der [ˈdiːpʃtaːl] 101
Dienstag, der [ˈdiːnstaːk] 115

Diesel, der [ˈdiːzl̩] 42
Display, das [dɪsˈpleɪ] 90
dividieren [diviˈdiːrən] 111
Donnerstag, der [ˈdɔnɐstaːk] 115
Doppelbett, das [ˈdɔpl̩bɛt] 25
doppelt [ˈdɔpl̩t] 110
Dosenöffner, der [ˈdoːzn̩œfnɐ] 24
Dosierung, die [doˈziːrʊŋ] 76
Download, der [ˈdaʊnloʊd] 88
drei [drai] 106
drei Uhr [ˈdrai ˈuːɐ̯] 112
drei Viertel [drai ˈfɪrtl̩] 110
dreifach [ˈdraifax] 110
dreihundertste(r, s) [ˈdraihʊndɐtstə] 109
dreimal [ˈdraimaːl] 110
dreißig [ˈdraisɪç] 107
dreißigste(r, s) [ˈdraisɪçstə] 109
dreiundzwanzig [ˈdraiʔʊnttsvantsɪç] 107
dreiundzwanzig Uhr [ˈdraiʔʊnttsvantsɪç ˈuːɐ̯] 113
dreizehn [ˈdraitseːn] 107
dreizehn Uhr [ˈdraitseːn ˈuːɐ̯] 113
dreizehnte(r, s) [ˈdraitseːntə] 108
dritte(r, s) [ˈdrɪtə] 108
Drittel, ein [ˈdrɪtl̩] 110
düngen [ˈdʏŋən] 34
Dünger, der [ˈdʏŋɐ] 34
Dünndarm, der [ˈdʏndarm] 68
Dunstabzugshaube, die [ˈdʊnstʔaptsuːkshaubə] 22
Durchfall, der [ˈdʊrçfal] 71
Dusche, die [ˈduːʃə] 27
Duschgel, das [ˈduːʃgeːl] 78
DVD-Laufwerk, das [deːfaʊˈdeːlaʊfvɛrk] 84

E

EC-Karte, die [eːˈtseːkartə] 104
Ehefrau, die [ˈeːəfrau] 10
Ehemann, der [ˈeːəman] 10
Ehepaar, das [ˈeːəpaːɐ̯] 12
Eigelb, das [ˈaigɛlp] 49
Eigentum, das [ˈaign̩tuːm] 16
Eigentumswohnung, die [ˈaign̩tuːmsvoːnʊŋ] 16
Eilbrief, der [ˈailbriːf] 91
Eimer, der [ˈaimɐ] 29
ein Uhr [ˈain ˈuːɐ̯] 112
Ein/Aus-Schalter, der [ˈaɪn/ˈaʊsʃaltɐ] 84
Einbahnstraße, die [ˈainbaːnʃtraːsə] 38
Einbauküche, die [ˈainbaukʏçə] 22
Einbiegen nach links verboten [ˈainbiːgn naːx lɪŋks fɛɐ̯ˈboːtn̩] 38
Einbiegen nach rechts verboten [ˈainbiːgn naːx rɛçts fɛɐ̯ˈboːtn̩] 38
Einbruch, der [ˈainbrʊx] 101
Eine einfache Fahrt nach ..., bitte. [ainə ˈainfaxə faːɐ̯t naːx … bɪtə] 46
einen Wirbel ausrenken, sich [ainən ˈvɪrbl̩ ausrɛŋkn̩] 74
einfach [ˈainfax] 110
Einfahrt, die [ˈeinfaːɐ̯t] 37
Einfahrt verboten [ˈainfaːɐ̯t fɛɐ̯ˈboːtn̩] 38
Einfamilienhaus, das [ˈainfamiːli̯ənhaus] 16
einfügen [ˈaɪnfyːgən] 86
eingeben [ˈaɪngeːbn̩] 85
Einkaufskorb, der [ˈainkaufskɔrp] 61
Einkaufswagen, der [ˈainkaufsvaːgn̩] 61
einloggen, sich [ˈaɪnlɔgn̩] 85
einmal [ˈainmaːl] 110
eins [ains] 106
Einschreiben, das [ˈaɪnʃraibn̩] 91
einsteigen [ˈainʃtaign̩] 46
Einstellungen, die [ˈaɪnʃtɛlʊŋən] 87
Eintopf, der [ˈaɪntɔpf] 59
einundzwanzig [ˈainʔʊnttsvantsɪç] 107
einundzwanzigste(r, s) [ˈainʔʊnttsvantsɪçstə] 108
Eisbergsalat, der [ˈaisbɛrkzalaːt] 51
Eiweiß, das [ˈaivais] 49
Elektrobohrer, der [eˈlɛktroboːrɐ] 31
elf [ɛlf] 107
elfte(r, s) [ˈɛlftə] 108
Ellbogen, der [ˈɛlboːgn] 65
Eltern, die [ˈɛltɐn] 12
E-Mail-Adresse, die [ˈiːmeːladrɛsə] 88
empfangen [ɛmˈpfaŋən] 88
Empfänger, der [ɛmˈpfɛŋɐ] 91
Energiesparlampe, die [enɛrˈgiːʃpaːɐ̯lampə] 33
Enkel, der [ˈɛŋkl̩] 10
Enkelin, die [ˈɛŋkəlɪn] 10
Entfernungstafel, die [ɛntˈfɛrnʊŋstaːfl̩] 37
entlassen werden [ɛntˈlasn̩ veːɐ̯dn̩] 83
Entschuldigung, ich habe mich verwählt. [ɛntˈʃʊldɪgʊŋ ɪç ˈhaːbə mɪç fɛɐ̯ˈvɛːlt] 90
Erdbeere, die [ˈeːɐ̯tbeːrə] 53
Erdgeschoss, das [ˈeːɐ̯tgəʃɔs] 18
Ergebnisse, die [ɛɐˈgeːpnɪsə] 70
Erkältung, die [ɛɐ̯ˈkɛltʊŋ] 72
ernten [ˈɛrntn̩] 34
Ersatzreifen, der [ɛɐ̯ˈzatsraifn̩] 43
erste Stock, der [ˈɛrstə ʃtɔk] 18
erste(r, s) [ˈeːɐ̯stə] 108
Erste-Hilfe-Kasten, der [eːɐ̯stəˈhɪlfəkastn̩] 75
Erwachsene, der [ɛɐ̯ˈvaksn̩ə] 13
Es ist ein Unfall passiert! [ɛs ɪst ain ˈʊnfal pasiːɐ̯t] 102
Es ist zwei Uhr. [ɛs ɪst ˈtsvai ˈuːɐ̯] 112
Essig, der [ˈɛsɪç] 55
Essteller, der [ˈɛstɛlɐ] 59
Esstisch, der [ˈɛstɪʃ] 21

F

Fahrerseite, die [ˈfaːrɐzaitə] 39
Fahrersitz, der [ˈfaːrɐzɪts] 41
Fahrkarte, die [ˈfaːɐ̯kartə] 44
Fahrkartenautomat, der [ˈfaːɐ̯kartn̩ʔautomaːt] 44
Fahrplan, der [ˈfaːɐ̯plaːn] 44
Fahrpreis, der [ˈfaːɐ̯prais] 44
Fahrradhelm, der [ˈfaːɐ̯raːthɛlm] 45
Fahrradschlauch flicken, einen [ˈfaːɐ̯raːtʃlaux flɪkn̩] 45
Fahrradschloss, das [ˈfaːɐ̯raːtʃlɔs] 45
Fahrspur, die [ˈfaːɐ̯ʃpuːɐ̯] 36
Farbe, die [ˈfarbə] 32
Farbwanne, die [ˈfarpvanə] 32
fasten [ˈfastn̩] 60
Faxgerät, das [ˈfaksgərɛːt] 90
Fehlermeldung, die [ˈfeːlɐmɛldʊŋ] 87

Feiertag, der [ˈfaiɐtaːk] 114
Feinkost, die [ˈfainkɔst] 62
Fenster, das [ˈfɛnstɐ] 18
Fensterbrett, das [ˈfɛnstɐbrɛt] 21
Fernsehbank, die [ˈfɛrnzeːbaŋk] 19
Ferse, die [ˈfɛrzə] 65
Fett, das [fɛt] 60
Feuchttuch, das [ˈfɔyçttuːx] 77
Feuerlöscher, der [ˈfɔyɐlœʃɐ] 42, 102
Feuerwehrmann, der [ˈfɔyɐveːɐman] 102
Fieber, das [ˈfiːbɐ] 72
Fieberthermometer, das/der [ˈfiːbɐtɛrmomeːtɐ] 77
Fingernagel, der [ˈfɪŋɐnaːgl] 66
Fischsteak, das [ˈfɪʃsteːk] 48
Fischtheke, die [ˈfɪʃteːkə] 62
Flachpinsel, der [ˈflaxpɪnzl] 32
Fladenbrot, das [ˈflaːdn̩broːt] 56
Fläschchen, das [ˈflɛʃçən] 69
Flatrate, die [ˈflɛtreɪt] 89
Fleckenentferner, der [ˈflɛkn̩ɛntfɛrnɐ] 28
Fleisch und Geflügel, das [ˈflaiʃ ʊnt gəˈflyːgl] 62
fliehen [ˈfliːən] 101
Flip-Flop®, der [ˈflɪpflɔp] 98
Flur, der [fluːɐ] 17
Folie, die [ˈfoːli̯ə] 82
Forelle, die [foˈrɛlə] 48
Fortschrittsbalken, der [ˈfɔrtʃrɪtsbalkən] 87
Frau, die [frau] 12
Frau ... [frau] 12
Freitag, der [ˈfraitaːk] 115
Freund, der [ˈfrɔynt] 12
Freunde, die [ˈfrɔyndə] 13
Freundin, die [ˈfrɔyndɪn] 12
Fruchtblase, die [ˈfrʊxtblaːzə] 69
Fruchtwasser, das [ˈfrʊxtvasɐ] 69
Frühling, der [ˈfryːlɪŋ] 114
Frühlingszwiebel, die [ˈfryːlɪŋstsviːbl] 50
Frühstücksflocken, die [ˈfryːʃtʏksflɔkn̩] 62
Fruktose, die [frʊkˈtoːzə] 60
fünf [fynf] 106
fünf nach zwölf [ˈfynf naːx ˈtsvœlf] 113
fünf Uhr [ˈfynf ˈuːɐ] 112
fünf und drei Achtel [ˈfynf ʊnt drai ˈaxtl] 110
fünffach [ˈfynffax] 110
fünfte(r, s) [ˈfynftə] 108
Fünftel, ein [ˈfynftl] 110
fünfundfünfzigtausend [ˈfynfʔʊntfynftsɪçtauzn̩t] 107
fünfzehn [ˈfynftseːn] 107
fünfzehn Uhr [ˈfynftseːn ˈuːɐ] 113
fünfzehnte(r, s) [ˈfynftseːntə] 108
fünfzig [ˈfynftsɪç] 107
fünfzigste(r, s) [ˈfynftsɪçstə] 109
fünfzigtausend [ˈfynftsɪçtauzn̩t] 107
Funkloch, das [ˈfʊŋklɔx] 89
Fuß, der [fuːs] 64
Fußabtreter, der [ˈfuːsaptreːtɐ] 16
Fußbodenheizung, die [ˈfuːsboːdn̩haitsʊŋ] 33
Fußgängerampel, die [ˈfuːsgɛŋɐʔampl] 36
Fußstütze, die [ˈfuːsʃtʏtsə] 41, 73
Fuß verstauchen/brechen, sich den [deːn ˈfuːs fɛɐʃtauxn̩/brɛçn̩] 74

G

Gabel, die [ˈgaːbl] 59
Garage, die [gaˈraːʒə] 17
Garnele, die [garˈneːlə] 48
Gartenschlauch, der [ˈgartn̩ʃlaux] 34
Gaspedal, das [ˈgaːspedaːl] 41
Gebärdensprache, die [gəˈbɛːɐdn̩ʃpraːxə] 73
gebratenen Nudeln, die [gəˈbraːtənən ˈnuːdl̩n] 58
Geburt, die [gəˈbuːɐt] 69
Geburt einleiten, die [diː gəˈbuːɐt ainlaitn̩] 69
Geburtstag, der [gəˈbuːɐtstaːk] 14
Gefahr, die [gəˈfaːɐ] 102
Gefälle, das [gəˈfɛlə] 38
Gefrierschrank, der [gəˈfriːɐʃraŋk] 22
gegart [gəˈgart] 52
Gegen Mittag. [ˈgeːgn̩ ˈmɪtaːk] 113
Gegenverkehr, der [ˈgeːgn̩fɛɐkeːɐ] 38
Gehalt, das [gəˈhalt] 83
Gehirnerschütterung, die [gəˈhɪrnʔɛɐʃʏtərʊŋ] 74
gekocht [gəˈkɔxt] 52
Geld abheben [ˈgɛlt aphеːbn̩] 105
Geld einzahlen [ˈgɛlt aintsaːlən] 105
Geldautomat, der [ˈgɛltʔautomaːt] 105
Geldschein, der [ˈgɛltʃain] 105
Gepäckraum, der [gəˈpɛkraum] 44
Gesäß, das [gəˈzɛːs] 65
geschält [gəˈʃɛːlt] 54
geschieden [gəˈʃiːdn̩] 12
Geschmacksverstärker, der [gəˈʃmaksfɛɐʃtɛrkɐ] 60
Geschwindigkeitsbegrenzung, die [gəˈʃvɪndɪçkaitsbəgrɛn-tsʊŋ] 38
Geschwindigkeitsüberschreitung, die [gəˈʃvɪndɪçkaits-ʔyːbɐʃraitʊŋ] 37
Geschwister, die [gəˈʃvɪstɐ] 13
Gesichtscreme, die [gəˈzɪçtskreːm] 78
gestern [ˈgɛstɐn] 114
gesund [gəˈzʊnt] 72
gesunde Ernährung, die [gəˈzʊndə ɛɐˈnɛːrʊŋ] 60
Getriebe, das [gəˈtriːbə] 42
Gewalt, die [gəˈvalt] 101
Gewicht, das [gəˈvɪçt] 92
gießen [ˈgiːsn̩] 34
Girokonto, das [ˈʒiːrokɔnto] 104
Gleisnummer, die [ˈglaisnʊmɐ] 46
Glühbirne, die [ˈglyːbɪrnə] 33
Glukose, die [gluˈkoːzə] 60
glutenfrei [gluˈteːnfrai] 60
Gramm, das [gram] 116
Grapefruit, die [ˈgreːpfruːt] 54
Greifreifen, der [ˈgraifraifn̩] 73
Grippe, die [ˈgrɪpə] 72
groß [groːs] 58
große Zeh, der [ˈgroːsə ˈtseː] 66
Großeltern, die [ˈgroːsʔɛltɐn] 12
Großmutter, die [ˈgroːsmʊtɐ] 11
Großvater, der [ˈgroːsfaːtɐ] 11
Grundstück, das [ˈgrʊntʃtʏk] 16
grüne Bohne, die [gryːnə ˈboːnə] 52

Gummihandschuh, der ['gumihantʃu:] 29
Gummistiefel, der ['gumiʃti:fl̩] 98
Gummiwischer, der ['gumiviʃɐ] 29
Gürtel, der ['gʏrtl̩] 98
Gürtelschlaufe, die ['gʏrtl̩ʃlaufə] 98
Guten Abend! [gu:tn̩ 'a:bn̩t] 14
Guten Morgen! [gu:tn̩ 'mɔrgn̩] 14
Guten Tag! [gu:tn̩ 'ta:k] 14
Guthaben, das ['gu:tha:bn̩] 89

H

Haar, das [ha:ɐ̯] 67
Haarbürste, die ['ha:ɐ̯bʏrstə] 78
Haben Sie das auch eine Nummer größer/kleiner? [ha:bn̩ zi: das aux ainə numɐ 'grø:sɐ/'klainɐ] 97
Haftnotiz, die ['haftnoti:ts] 81
Hähnchen, das ['hɛnçən] 48
halb elf [halp 'ɛlf] 113
halbe Stunde, eine ['halbə 'ʃtundə] 112
halbe(r/s), eine/ein ['halbə(ɐ/əs)] 110
Hallo! [ha'lo:] 14
Hals, der [hals] 64
Halsschmerzen, die ['halsʃmɛrtsn̩] 71
Halteknopf, der ['haltəknɔpf] 44
Halteschlaufe, die ['haltəʃlaufə] 44
Halteverbot, das ['haltəfɛɐ̯bo:t] 38
Hamburger, der ['hamburgɐ] 58
Hammer, der ['hamɐ] 30
Hand, die [hant] 65
Handbremse, die ['hantbrɛmzə] 41
Handfeger, der ['hantfe:gɐ] 29
Hand geben, sich die [di: 'hant ge:bn̩] 13
Handgelenk, das ['hantgəlɛŋk] 65
Handrührgerät, das ['hantry:ɐ̯gərɛ:t] 23
Handsäge, die ['hantzɛ:gə] 30
Handschuhfach, das ['hantʃu:fax] 41
Handtuch, das ['hanttu:x] 27
Handy, das ['hændi] 89
Hängeschrank, der ['hɛŋəʃraŋk] 22
Hausbriefkasten, der ['hausbri:fkastn̩] 92
Hausmeister, der ['hausmaistɐ] 17
Hausnummer, die ['hausnumɐ] 16
Hausschlüssel, der ['hausʃlʏsl̩] 16
Haustür, die ['hausty:ɐ̯] 18
Hautausschlag, der ['hautʔausʃla:k] 71
Hautpflege, die ['hautpfle:gə] 77
Hebamme, die ['he:pʔamə] 69
Heidelbeere, die ['haidl̩be:rə] 53
Heizkörper, der ['haitskœrpɐ] 33
Heizung anschalten/ausschalten, die ['haitsuŋ anʃaltn̩/ausʃaltn̩] 33
Hemd, das [hɛmt] 95
Herbst, der [hɛrpst] 114
Herd, der [he:ɐ̯t] 22
Herr ... [hɛr] 12
Herz, das [hɛrts] 68
Herzlich willkommen! [hɛrtslıç vıl'kɔmən] 14
Heuschnupfen, der ['hɔyʃnupfn̩] 72
heute ['hɔytə] 114
Hilfe! ['hılfə] 102
Himbeere, die ['hımbe:rə] 53
hin und zurück ['hın unt tsu'rʏk] 46
Hinterrad, das ['hıntɐra:t] 45
Hochstuhl, der ['ho:xʃtu:l] 19
Hochzeit, die ['hɔxtsait] 14
Hocker, der ['hɔkɐ] 25
Hof, der [ho:f] 16
hohe Blutdruck, der ['ho:ə 'blu:tdruk] 72
hohe Stiefel, der [ho:hə 'ʃti:fl̩] 98
Holzboden, der ['hɔltsbo:dn̩] 21
Honigmelone, die ['ho:nıçmelo:nə] 54
Hörgerät, das ['hø:ɐ̯gərɛ:t] 73
Hose, die ['ho:zə] 95
Hüfte, die ['hʏftə] 64
Hühnerei, das ['hy:nɐʔai] 49
Hummer, der ['humɐ] 48
hundert ['hundɐt] 107
hundertste(r, s) ['hundɐtstə] 109
hunderttausend ['hundɐttauzn̩t] 107
Hupe, die ['hu:pə] 41
Husten, der ['hu:stn̩] 72
Hustenbonbon, das/der ['hu:stn̩bɔŋ'bɔŋ] 77
Hustensaft, der ['hu:stn̩saft] 76
Hydrant, der [hy'drant] 102
Hypothek, die [hypo'te:k] 104

I

Ich habe eine Panne. [ıç ha:bə ainə 'panə] 43
Ich heiße ... [ıç 'haisə] 14
Ich möchte bitte ... sprechen. [ıç 'mœçtə 'bıtə ... 'ʃprɛçn̩] 90
Ich möchte gerne ein Konto eröffnen. [ıç moeçtə gɛrnə ain 'kɔnto ɛɐ̯ʔoefnən] 105
Ich stelle Sie durch. [ıç 'ʃtɛlə zi: 'durç] 90
Ich würde gerne etwas zum Mitnehmen bestellen. [ıç vʏrdə 'gɛrnə ɛtvas tsum 'mıtne:mən bəʃtɛlən] 58
im Internet surfen [ım 'ıntɐnɛt 'sə:fən] 88
in Ohnmacht fallen [ın 'o:nmaxt falən] 74
in Rente gehen [ın 'rɛntə ge:ən] 83
Inbusschlüssel, der ['ınbusʃlʏsl̩] 31
Infekt, der [ın'fɛkt] 71
Insektenstich, der [ın'zɛktn̩ʃtıç] 74
Ist dieser Platz noch frei? [ıst 'di:zɐ plats nɔx 'frai] 46
ist gleich [ıst 'glaiç] 111

J

Jahr, das ['ja:ɐ̯] 115
Jahresurlaub, der ['ja:ɐ̯rəsʔu:ɐ̯laup] 83
Jeans, die ['dʒi:nz] 96
jede(r/s) ['je:də(ɐ/s)] 111
jemandem Blut abnehmen [je:mandəm 'blu:t apne:mən] 70
jemandem eine Spritze geben [je:mandəm ainə 'ʃprıtsə ge:bn̩] 71
jemandem einen Brief schicken [je:mandəm aınən 'bri:f 'ʃıkn̩] 91

jemandem einen Kuss geben [je:mandɛm ainən ˈkʊs ge:bn̩] 14
jemandem kündigen [je:mandəm ˈkʏndɪgn̩] 83
jemanden anrufen [je:mandn̩ ˈanru:fn̩] 14, 90
jemanden begrüßen [je:mandn̩ bəˈgry:sn̩] 13
jemanden vorstellen [je:mandn̩ ˈfoɐ̯ʃtɛlən] 13
Joghurt, der [ˈjo:gʊrt] 49
Jugendliche, die [ˈju:gn̩tlɪçə] 12
Junge, der [ˈjʊŋə] 13

K

Kabel, das [ˈka:bl̩] 90
kacheln [ˈkaxl̩n] 32
Kaffee, der [ˈkafe] 57
Kaffee zum Mitnehmen, der [ˈkafe tsʊm ˈmɪtne:mən] 57
Kaffeemaschine, die [ˈkafemaʃi:nə] 23
Kalorien, die [kaloˈri:ən] 60
Kamin, der [kaˈmi:n] 20
Kamm, der [kam] 78
Kapsel, die [ˈkapsl̩] 76
Karotte, die [kaˈrɔtə] 50
Kartoffel, die [karˈtɔfl̩] 50
Käse, der [ˈkɛ:zə] 49
Kasse, die [ˈkasə] 61
Kassenzettel, der [ˈkasn̩tsɛtl̩] 62
Kassierer, der [kaˈsi:rɐ] 61
Kassiererin, die [kaˈsi:rərɪn] 104
Kaution, die [kauˈtsi̯o:n] 17
Kehrschaufel, die [ˈke:ɐ̯ʃaufl̩] 29
Keilabsatz, der [ˈkailʔapzats] 98
Keller, der [ˈkɛlɐ] 17
Kerze, die [ˈkɛrtsə] 21
Ketchup, der/das [ˈkɛtʃap] 55
Kette, die [ˈkɛtə] 45
Kilogramm, das [ˈki:logram] 116
Kilometer, der [kiloˈme:tɐ] 116
Kind, das [kɪnt] 12
Kinderwagen, der [ˈkɪndɐva:gn̩] 26
Kinn, das [kɪn] 67
Kirsche, die [ˈkɪrʃə] 53
Kissenbezug, der [ˈkɪsn̩bətsu:k] 25
Kleid, das [klait] 96
Kleiderbügel, der [ˈklaidɐby:gl̩] 19
Kleiderhaken, der [ˈklaidɐha:kn̩] 19
klein [klain] 58
Kleinbus, der [ˈklainbʊs] 44
kleine Finger, der [ˈklainə ˈfɪŋɐ] 66
kleine Geschenk, das [klainə gəˈʃɛŋk] 14
kleine Zeh, der [ˈklainə ˈtse:] 66
Klettverschluss, der [ˈklɛtfɛɐ̯ʃlʊs] 97
klicken [ˈklɪkən] 86
klingeln [ˈklɪŋl̩n] 90
Klingelton, der [ˈklɪŋl̩to:n] 89
Klobürste, die [ˈklo:bʏrstə] 27
Klostein, der [ˈklo:ʃtain] 27
Knie, das [kni:] 64
Kniekehle, die [ˈkni:ke:lə] 65
Knoblauch, der [ˈkno:blaux] 50
Knöchel, der [ˈknœçl̩] 65
Knochenbruch, der [ˈknɔxn̩brʊx] 74
Knopf, der [knɔpf] 97
Kochlöffel, der [ˈkɔxlœfl̩] 24
Kochtopf, der [ˈkɔxtɔpf] 24
Koffer, der [ˈkɔfɐ] 97
Kofferraum, der [ˈkɔfɐraum] 40
Kollege, der [kɔˈle:gə] 83
Kollegin, die [kɔˈle:gɪn] 83
Kombizange, die [ˈkɔmbitsaŋə] 30
Kommode, die [kɔˈmo:də] 25
Können Sie mich bitte zurückrufen? [ˈkœnən zi: mɪç ˈbɪtə tsuˈrʏkru:fn̩] 90
Könnte ich das mal anprobieren? [kœntə ɪç das ma:l ˈanprobi:rən] 97
Könnten Sie bitte den Pannendienst anrufen? [kœntn̩ zi: bɪtə de:n ˈpanəndi:nst ˈanru:fn̩] 43
Könnten Sie mir beim Reifenwechseln helfen? [kœntn zi: mi:ɐ baim ˈraifn̩vɛksl̩n hɛlfn̩] 43
Könnten Sie mir das bitte wechseln? [kœntn̩ zi: mi:ɐ das bɪtə ˈvɛksl̩n] 105
Könnten Sie mir Starthilfe geben? [kœntn̩ zi: mi:ɐ̯ ˈʃtarthɪlfə ge:bn̩] 43
Konserven, die [kɔnˈzɛrvn̩] 62
Kontonummer, die [ˈkɔntonʊmɐ] 104
Kontoüberziehung, die [ˈkɔntoʔy:bɐtsi:ʊŋ] 104
Kopf, der [kɔpf] 64
Kopfhörer, der [ˈkɔpfhø:rɐ] 90
Kopfkissen, das [ˈkɔpfkɪsn̩] 25
Kopfsalat, der [ˈkɔpfzala:t] 51
Kopfschmerzen, die [ˈkɔpfʃmɛrtsn̩] 71
Kopfstütze, die [ˈkɔpfʃtʏtsə] 41
kopieren [koˈpi:rən] 86
Körperverletzung, die [ˈkœrpɐfɛɐlɛtsʊŋ] 101
Kragen, der [ˈkra:gən] 95
krank [kraŋk] 72
Krankenkasse, die [ˈkraŋkn̩kasə] 70
Kräutertee, der [ˈkrɔytɐte:] 57
Krawatte, die [kraˈvatə] 95
Krebs, der [kre:ps] 48
Kreditkarte, die [kreˈdi:tkartə] 105
Kreisverkehr, der [ˈkraisfɛɐ̯ke:ɐ̯] 36
Kreuzung, die [ˈkrɔytsʊŋ] 37
Kronleuchter, der [ˈkro:nlɔyçtɐ] 21
Krücke, die [ˈkrʏkə] 73
Küchenhocker, der [ˈkʏçn̩hɔkɐ] 22
Küchenmaschine, die [ˈkʏçn̩maʃi:nə] 23
Küchenmesser, das [ˈkʏçn̩mɛsɐ] 24
Küchenpapier, das [ˈkʏçn̩papi:ɐ̯] 23
Küchensieb, das [ˈkʏçn̩zi:p] 24
Küchenwaage, die [ˈkʏçn̩va:gə] 23
Kugelschreiber, der [ˈku:gl̩ʃraibɐ] 81
Kühler, der [ˈky:lɐ] 42
Kühlergrill, der [ˈky:lɐgrɪl] 39
Kühlregal, das [ˈky:lrega:l] 62
Kühlschrank, der [ˈky:lʃraŋk] 22
Kulturbeutel, der [kʊlˈtu:ɐ̯bɔytl̩] 78
Kundin, die [ˈkʊndɪn] 61
Kupplungspedal, das [ˈkʊplʊŋspeda:l] 41
kurze Hose, die [kʊrtsə ˈho:zə] 95

L

lachen [ˈlaxn̩] 14
Lachs, der [laks] 48
Laken, das [ˈla:kn̩] 25

laktosefrei [lak'to:zəfrai] 60
Lammfleisch, das ['lamflaiʃ] 48
Lampe, die ['lampə] 20
Laptop, der/das ['lɛptɔp] 84
Laserdrucker, der ['le:zɐdrʊkɐ] 85
Lätzchen, das ['lɛtsçən] 94
Lauch, der [laux] 50
Laufstall, der ['laufʃtal] 26
Lautsprecher, der ['lautʃprɛçɐ] 84
Lebenslauf, der ['le:bn̩slauf] 80
Lebensmittelintoleranz, die ['le:bn̩smɪtl̩ɪntolerants] 60
Leber, die ['le:bɐ] 68
ledig ['le:dɪç] 12
Leerungszeiten, die ['le:rʊŋstsaitn̩] 92
Leggings, die ['lɛgɪŋs] 97
Leiste, die ['laistə] 64
Leitung, die ['laitʊŋ] 33
Lenker, der ['lɛŋkɐ] 45
Lenkrad, das ['lɛŋkra:t] 41
letzte(r, s) ['lɛtstə] 109
Leukoplast®, das [lɔyko'plast] 75
liefern ['li:fɐn] 58, 92
Lieferservice, der ['li:fɐzøɐ̯vɪs] 58
Limette, die [li'mɛtə] 54
Linienbus, der ['li:ni̯ənbʊs] 44
Lippe, die ['lɪpə] 67
Liter, der/das ['li:tɐ] 116
Literanzeige, die ['li:tɐʔantsaigə] 42
Locher, der ['lɔxɐ] 81
löschen ['lœʃən] 86
Lösungsmittel, das ['lø:zʊŋsmɪtl̩] 32
Luftpumpe, die ['lʊftpʊmpə] 45
Luftröhre, die ['lʊftrø:rə] 68
Lunge, die ['lʊŋə] 68

M

Mädchen, das ['mɛ:tçən] 13
Magen, der ['ma:gn̩] 68
Magenschmerzen, die ['ma:gn̩ʃmɛrtsn̩] 71
Mail weiterleiten, eine ['me:l 'vaitɐlaitn̩] 88
Mais, der [mais] 52
Managerin, die ['mɛnɪdʒərɪn] 83
manche ['mançə] 111
manchmal ['mançma:l] 110
Mann, der [man] 12
markieren [mar'ki:rən] 85
Maßband, das ['ma:sbant] 30
Matratze, die [ma'tratsə] 25
Maus, die [maʊs] 84
Mauspad, das ['mauspɛt] 85
Mauszeiger, der ['maustsaɪgɐ] 87
Mayonnaise, die [majɔ'nɛ:zə] 55
Medikament, das [medika'mɛnt] 76
mehrfach ['me:ɐ̯fax] 110
Mehrfamilienhaus, das ['me:ɐ̯fami:li̯ənhaus] 16
mehrmals ['me:ɐ̯ma:ls] 110
Mehrfachsteckdose, die ['me:ɐ̯faxʃtɛkdo:zə] 33
Meile, die ['mailə] 116
Messbecher, der ['mɛsbɛçɐ] 76
Messer, das ['mɛsɐ] 59
Meter, der/das ['me:tɐ] 116
Miesmuschel, die ['mi:smʊʃl̩] 48
Miete, die ['mi:tə] 17
mieten ['mi:tn̩] 17
Mieter, der ['mi:tɐ] 17
Mieterin, die ['mi:tɐrin] 17
Mietvertrag, der ['mi:tfɛɐ̯tra:k] 17
Mietwohnung, die ['mi:tvo:nʊŋ] 16
Mikrofon, das [mikro'fo:n] 90
Mikrowelle, die ['mi:krovɛlə] 23
Milch, die [mɪlç] 49
Milchprodukte, die ['mɪlçprodʊktə] 62
Milchpulver, das ['mɪlçpʊlvɐ] 69
Milliarde, eine [mɪ'li̯ardə] 107
Milliliter, der/das [mɪli'li:tɐ] 116
Millimeter, der/das [mɪli'me:tɐ] 116
Million, eine [mɪ'li̯o:n] 107
millionste(r, s) [mɪ'li̯o:nstə] 109
Milz, die [mɪlts] 68
Minute, die [mi'nu:tə] 112
Mittag, der ['mɪta:k] 114
Mittelfinger, der ['mɪtl̩fɪŋɐ] 66
mittelgroß ['mɪtl̩gro:s] 58
Mittelstreifen, der ['mɪtl̩ʃtraifn̩] 37
Mitternacht ['mɪtɐnaxt] 113, 114
Mittwoch, der ['mɪtvɔx] 115
Mixer, der ['mɪksɐ] 23
Monat, der ['mo:nat] 115
Monatskarte, die ['mo:natskartə] 44
Montag, der ['mo:nta:k] 115
Mord, der [mɔrt] 101
Morgen, der ['mɔrgn̩] 114
morgen ['mɔrgn̩] 114
Motor, der ['mo:to:ɐ̯] 42
Motorhaube, die ['mo:to:ɐ̯haubə] 40
Müllbeutel, der ['mʏlbɔytl̩] 31
Mullbinde, die ['mʊlbɪndə] 75
multiplizieren [mʊltipli'tsi:rən] 111
Mund, der [mʊnt] 67
Mund-zu-Mund-Beatmung, die [mʊnttsu:'mʊntbəʔa:tmʊŋ] 100
Münze, die ['mʏntsə] 105
Mutter, die [mʊtɐ] 11, 30
Mütze, die ['mʏtsə] 94

N

Nabelschnur, die ['na:bl̩ʃnu:ɐ̯] 69
Nachbar, der ['naxba:ɐ̯] 13
Nachbarin, die ['naxba:rɪn] 13
Nachmittag, der ['na:xmɪta:k] 114
Nachricht, die ['na:xrɪçt] 88
Nachttisch, der ['naxttɪʃ] 25
Nachttischlampe, die ['naxttɪʃlampə] 25
Nacken, der ['nakn̩] 65
Nagel, der ['na:gl̩] 30
Nagelfeile, die ['na:gl̩failə] 77
Nagelschere, die ['na:gl̩ʃe:rə] 78
Nase, die ['na:zə] 67
Natrium, das ['na:triʊm] 60
Nebelscheinwerfer, der ['ne:bl̩ʃainvɛrfɐ] 39
Nebenwirkung, die ['ne:bn̩vɪrkʊŋ] 77
Neffe, der ['nɛfə] 11
Nektarine, die [nɛkta'ri:nə] 53
neun [nɔyn] 106
neunte(r, s) ['nɔyntə] 108
neunzehn ['nɔyntse:n] 107
neunzehnte(r, s) ['nɔyntse:ntə] 108
neunzig ['nɔyntsɪç] 107
neunzigste(r, s) ['nɔyntsɪçstə] 109
Neustart, der ['nɔɪʃtart] 85
Nicht knicken! ['nɪçt 'knɪkn̩] 92
Nichte, die ['nɪçtə] 11
Niederflurbus, der ['ni:dɐflu:ɐ̯bʊs] 44
niedrige Blutdruck, der ['ni:drɪgə 'blu:tdrʊk] 72
niemals ['ni:ma:ls] 110

Niesen, das [ˈniːzn̩] 72
Notausgang, der [ˈnoːtʔausgaŋ] 102
Notizbuch, das [noˈtiːtsbuːx] 81
Notrufnummer, die [ˈnoːtruːfnʊmɐ] 102
Nugget, das [ˈnagɪt] 58
null [nʊl] 106
Nummernschild, das [ˈnʊmɐnʃɪlt] 39

O

oben [ˈoːbn̩] 92
Oberschenkel, der [ˈoːbɐʃɛŋkl̩] 64
Oberteil, das [ˈoːbɐtail] 96
Obst und Gemüse, das [ˈoːpst ʊnt gəˈmyːzə] 62
ohne Eier [oːnə ˈaiɐ] 60
Ohr, das [oːɐ̯] 67
Ohrstöpsel, der [ˈoːɐ̯ʃtœpsl̩] 77
Okraschote, die [ˈokraʃoːtə] 52
Olivenöl, das [oˈliːvn̩ʔøːl] 55
Onkel, der [ˈɔŋkl̩] 11
Onlinebanking, das [ˈɔnlainbɛŋkɪŋ] 104
Orange, die [oˈrãːʒə] 54
Orangensaft, der [oˈrãːʒn̩zaft] 57
Ordner, der [ˈɔrdnɐ] 81, 86

P

Paar, ein [ˈpaːɐ̯] 111
paar, ein [ˈpaːɐ̯] 111
Paar, das [paːɐ̯] 12
Päckchen, das [ˈpɛkçən] 92
Paket, das [paˈkeːt] 92
Papierkorb, der [paˈpiːɐ̯kɔrp] 86
Paprika, der/die [ˈpaprika] 52
Parfüm, das [parˈfyːm] 78
Pastinake, die [pastiˈnaːkə] 50
Patenonkel, der [ˈpaːtn̩ɔŋkl̩] 13
Patentante, die [ˈpaːtn̩tantə] 13
Patientin, die [paˈtsi̯ɛntɪn] 70
Pedal, das [peˈdaːl] 45
per Luftpost [pɛr ˈlʊftpɔst] 92
Personalreferentin, die [pɛrzoˈnaːlreferɛntɪn] 80
Pfeffer, der [ˈpfɛfɐ] 55
Pfeffermühle, die [ˈpfɛfɐmyːlə] 55
Pfirsich, der [ˈpfɪrzɪç] 53
Pflaster, das [ˈpflastɐ] 75
Pflaume, die [ˈpflaumə] 53
PIN-Nummer, die [ˈpɪnnʊmɐ] 104
Pint, das [paɪnt] 116
Pinzette, die [pɪnˈtsɛtə] 78
Pizza, die [ˈpɪtsa] 58
Plazenta, die [plaˈtsɛnta] 69
Polizeiauto, das [poliˈtsaiʔauto] 101
Polizist, der [poliˈtsɪst] 101
Polizistin, die [poliˈtsɪstɪn] 101
Polohemd, das [ˈpoːlohɛmt] 95
Pommes frites, die [pɔm ˈfrɪt] 58
Porto, das [ˈpɔrto] 92
portofrei [ˈpɔrtofrai] 91
Postanweisung, die [ˈpɔstanvaizʊŋ] 92
Postausgang, der [ˈpɔstausgaŋ] 88
Posteingang, der [ˈpɔstaɪngaŋ] 88
Postfach, das [ˈpɔstfax] 91
Postleitzahl, die [ˈpɔstlaittsaːl] 91
Präsentation, die [prɛzɛntaˈtsi̯oːn] 82
Preisanzeige, die [ˈpraisʔantsaigə] 42
Prepaidkarte, die [ˈpriːpeːtkartə] 89
pressen [ˈprɛsn̩] 69
Programm, das [proˈgram] 87
Programm deinstallieren, ein [proˈgram ˈdeɪnstaliːrən] 87
Programm installieren, ein [proˈgram ɪnstaˈliːrən] 87
protokollieren [protokɔˈliːrən] 82
Provision, die [proviˈzi̯oːn] 105
Prozent, das [proˈtsɛnt] 111
Pulsmessung, die [ˈpʊlsmɛsʊŋ] 100
pünktlich [ˈpʏŋktlɪç] 46
Puppe, die [ˈpʊpə] 26
Püree, das [pyˈreː] 52
püriert [pyˈriːɐ̯t] 52

Q

Quadratmeter, der/das [kvaˈdraːtmeːtɐ] 116
Qualifikation, die [kvalifikaˈtsi̯oːn] 80
Quark, der [kvark] 49

R

Rad, das [raːt] 39
Radiergummi, der [raˈdiːɐ̯gʊmi] 81
Radieschen, das [raˈdiːsçən] 50
Radkappe, die [ˈraːtkapə] 40
Radmutternschlüssel, der [ˈraːtmʊtɐnʃlʏsl̩] 43
Rasen mähen, den [deːn ˈraːzn̩mɛːən] 34
Rasenmäher, der [ˈraːzn̩mɛːɐ] 34
Rassel, die [ˈrasl̩] 26
Raststätte, die [ˈrastʃtɛtə] 37
Raubüberfall, der [ˈraupʔyːbɐfal] 101
Rauchmelder, der [ˈrauxmɛldɐ] 17, 102
Rechen, der [ˈrɛçn̩] 34
Rechner herunterfahren, den [deːn ˈrɛçnɐ hɛˈrʊntɐfaːrən] 87
Rechner hochfahren, den [deːn ˈrɛçnɐ ˈhoːxfaːrən] 87
Rechnung, die [ˈrɛçnʊŋ] 105
Reibe, die [ˈraibə] 24
Reifen, der [ˈraifn̩] 40, 45
Reifenfüllgerät, das [ˈraifn̩fʏlgərɛːt] 42
Reifenpanne, die [ˈraifn̩panə] 43
Reifen wechseln, den [deːnˈraifn̩ vɛksln̩] 43
Reinigungsmittel, das [ˈrainɪgʊŋsmɪtl̩] 29
Reisebus, der [ˈraizəbʊs] 44
Reisetasche, die [ˈraizətaʃə] 97
Reiskocher, der [ˈraiskɔxɐ] 23
Reißverschluss, der [ˈraisfɛɐ̯ʃlʊs] 97
Reißzwecke, die [ˈraistsvɛkə] 81
Reserverad, das [reˈzɛrvəraːt] 43
Rettungsring, der [ˈrɛtʊŋsrɪŋ] 102
Rettungswagen, der [ˈrɛtʊŋsvaːgn̩] 100
Rezept, das [reˈtsɛpt] 70
Riemen, der [ˈriːmən] 98
Rindfleisch, das [ˈrɪntflaiʃ] 48
Ringfinger, der [ˈrɪŋfɪŋɐ] 66
Rock, der [rɔk] 96
roh [roː] 52
Rollator, der [rɔˈlatoːɐ̯] 73
Rollkragenpullover, der [ˈrɔlkraːgn̩pʊloːvɐ] 95
Rollo, das [ˈrɔlo] 21
Rollstuhl, der [ˈrɔlʃtuːl] 73
Rolltreppe, die [ˈrɔltrɛpə] 46
Rosenkohl, der [ˈroːzn̩koːl] 51
Rosenschere, die [ˈroːzn̩ʃeːrə] 34
Rote Bete, die [roːtə ˈbeːtə] 50
rote Zwiebel, die [roːtə ˈtsviːbl̩] 50

Rotkohl, der [ˈroːtkoːl] 51
Rotwein, der [ˈroːtvain] 57
Router, der [ˈruːtɐ] 89
Rübe, die [ˈryːbə] 50
Rücken, der [ˈrʏkn̩] 65
Rückfahrscheinwerfer, der [ˈrʏkfaːɐ̯ʃainvɛrfɐ] 40
rückgängig machen [ˈrʏkɡɛŋɪç ˈmaxən] 87
Rückleuchte, die [ˈrʏklɔyçtə] 40
Rucksack, der [ˈrʊkzak] 97
Rückspiegel, der [ˈrʏkʃpiːɡl̩] 39
rückwärtsfahren [ˈrʏkvɛrtsfaːrən] 37
Rufen Sie die Feuerwehr! [ruːfn̩ ziː diː ˈfɔyɐveːɐ̯] 102
Rufen Sie die Polizei! [ruːfn̩ ziː diː poliˈtsai] 102
Rufen Sie einen Rettungswagen! [ruːfn̩ ziː ainən ˈrɛtʊŋsvaːɡn] 102

S

Sahne, die [ˈzaːnə] 49
Sakko, der/das [ˈzako] 95
Salat, der [zaˈlaːt] 59
Salbe, die [ˈzalbə] 76
Salz, das [zalts] 55
salzig [ˈzaltsɪç] 58
Sämling, der [ˈzɛːmlɪŋ] 34
Sammelpunkt, der [ˈzamlpʊŋkt] 102
Samstag, der [ˈzamstaːk] 115
Sandale, die [zanˈdaːlə] 98
Sanduhr, die [ˈzantʔuːɐ] 87
Sandwich, das [ˈzɛntvɪtʃ] 56
Sanitäter, der [zaniˈtɛːtɐ] 100
Sattel, der [ˈzatl̩] 45
Scanner, der [ˈskɛnɐ] 61, 85
Schale, die [ˈʃaːlə] 54
schälen [ˈʃɛːlən] 52
Schäler, der [ˈʃɛːlɐ] 24
Schalotte, die [ʃaˈlɔtə] 50
Schalter, der [ˈʃaltɐ] 33, 104
Schalthebel, der [ˈʃalthеːbl̩] 41, 45
Schamgegend, die [ˈʃaːmɡeːɡn̩t] 64
Scheibe, die [ˈʃaibə] 56
Scheibenwischer, der [ˈʃaibn̩vɪʃɐ] 39
Scheinwerfer, der [ˈʃainvɛrfɐ] 40
Schere, die [ˈʃeːrə] 81
Schichtarbeit, die [ˈʃɪçtʔarbait] 80
Schiebegriff, der [ˈʃiːbəɡrɪf] 73
Schienbein, das [ˈʃiːnbain] 64
Schilddrüse, die [ˈʃɪltdryːzə] 68
Schlafcouch, die [ˈʃlaːfkautʃ] 19
Schlaftablette, die [ˈʃlaːftablɛtə] 77
Schleifpapier, das [ˈʃlaifpapiːɐ̯] 30
Schleudertrauma, das [ˈʃlɔydɐtrauma] 74
Schlüsselbrett, das [ˈʃlʏsl̩brɛt] 19
Schmerzmittel, das [ˈʃmɛrtsmɪtl̩] 77
Schmutzwäschekorb, der [ˈʃmʊtsvɛʃəkɔrp] 28
Schnalle, die [ˈʃnalə] 98
Schnee- oder Eisglätte, die [ˈʃneː oːdɐ ˈaisɡlɛtə] 38
Schneeanzug, der [ˈʃneːʔantsuːk] 94
Schneidebrett, das [ˈʃnaidəbrɛt] 24
schneiden [ˈʃnaidn̩] 52
Schnittwunde, die [ˈʃnɪtvʊndə] 74
Schnitz, der [ʃnɪts] 54
Schnuller, der [ˈʃnʊlɐ] 94
Schnupfen, der [ˈʃnʊpfn̩] 72
Schnürschuh, der [ˈʃnyːɐ̯ʃuː] 98
Schnürsenkel, der [ˈʃnyːɐ̯zɛŋkl̩] 98
Schokoriegel, der [ˈʃokoriːɡl̩] 58
Schornstein, der [ˈʃɔrnʃtain] 18
Schraube, die [ˈʃraubə] 30
Schraubenschlüssel, der [ˈʃraubn̩ʃlʏsl̩] 30
Schraubenzieher, der [ˈʃraubn̩tsiːɐ] 30
Schriftart, die [ˈʃrɪftart] 87
Schubkarre, die [ˈʃuːpkarə] 34
Schublade, die [ˈʃuːplaːdə] 22
Schuhlöffel, der [ˈʃuːlœfl̩] 19
Schulbus, der [ˈʃuːlbʊs] 44
Schuld, die [ʃʊlt] 101
Schulranzen, der [ˈʃuːlrantsn̩] 26
Schulter, die [ˈʃʊltɐ] 64
Schulterblatt, das [ˈʃʊltɐblat] 65
Schulterpolster, das [ˈʃʊltɐpɔlstɐ] 96
Schürze, die [ˈʃʏrtsə] 23
Schwager, der [ˈʃvaːɡɐ] 10
Schwägerin, die [ˈʃvɛːɡərɪn] 10
Schwamm, der [ʃvam] 29
schwanger [ˈʃvaŋɐ] 69
Schwangerschaftstest, der [ˈʃvaŋɐʃaftstɛst] 69
Schweinefleisch, das [ˈʃvainəflaiʃ] 48
Schwester, die [ˈʃvɛstɐ] 11
Schwiegermutter, die [ˈʃviːɡɐmʊtɐ] 10
Schwiegersohn, der [ˈʃviːɡɐzoːn] 10
Schwiegervater, der [ˈʃviːɡɐfaːtɐ] 10
Schwimmweste, die [ˈʃvɪmvɛstə] 102
Schwindel, der [ˈʃvɪndl̩] 71
Scrollbalken, der [ˈscroːlbalkən] 87
scrollen [ˈscroːlən] 86
Scrollrad, das [ˈscroːlraːt] 84
sechs [zɛks] 106
sechs Uhr [ˈzɛks ˈuːɐ̯] 112
sechsfach [ˈzɛksfax] 110
sechste(r, s) [ˈzɛkstə] 108
sechzehn [ˈzɛçtseːn] 107
sechzehn Uhr [ˈzɛçtseːn ˈuːɐ̯] 113
sechzehnte(r, s) [ˈzɛçtseːntə] 108
sechzig [ˈzɛçtsɪç] 107
sechzigste(r, s) [ˈzɛçtsɪçstə] 109
Seife, die [ˈzaifə] 78
seine Stelle kündigen [zainə ˈʃtɛlə ˈkʏndɪɡn̩] 83
Seit gestern. [zait ˈɡɛstɐn] 113
Seit wann? [zait ˈvan] 113
Seitenfenster, das [ˈzaitn̩fɛnstɐ] 40
Seitenspiegel, der [ˈzaitn̩ʃpiːɡl̩] 40, 41
Sekunde, die [zeˈkʊndə] 112
Selbstbedienungskasse, die [ˈzɛlpstbədiːnʊŋskasə] 61
senden [ˈzɛndn̩] 88
Senf, der [zɛnf] 55
Serviette, die [zɛrˈvi̯ɛtə] 59
Sessel, der [ˈzɛsl̩] 20
Shampoo, das [ˈʃampu] 78
Shorts, die [ʃoːɐ̯ts] 96
Sicherheitsgurt, der [ˈzɪçɐhaitsɡʊrt] 41
Sicherung, die [ˈzɪçərʊŋ] 33
Sicherungskasten, der [ˈzɪçərʊŋskastn̩] 33
Sicherungskopie erstellen, eine [ˈzɪçərʊŋskopiː ɛɐ̯ʃtɛlən] 85
Sichtverpackung, die [ˈzɪçtfɛɐ̯pakʊŋ] 76
sieben [ˈziːbn̩] 106

sieben Uhr [ˈziːbn̩ ˈuːɐ̯] 112
siebeneinhalb [ziːbn̩ainˈhalp] 110
siebte(r, s) [ˈziːptə] 108
siebzehn [ˈziːptseːn] 107
siebzehn Uhr [ˈziːptseːn ˈuːɐ̯] 113
siebzehnte(r, s) [ˈziːptseːntə] 108
siebzig [ˈziːptsɪç] 107
siebzigste(r, s) [ˈziːptsɪçstə] 109
SIM-Karte, die [ˈzimkartə] 89
Sitzplatzreservierung, die [ˈzɪtsplatsrezɛrviːrʊŋ] 46
Sitzung, die [ˈzɪtsʊŋ] 82
Slip, der [slɪp] 97
Slipeinlage, die [ˈslɪpʔainlaːgə] 77
Smartphone, das [ˈsmɑːtfəʊn] 89
SMS, die [ɛsʔɛmˈɛs] 89
Social Media, die [ˈsoʊʃəl ˈmiːdiɐ] 88
Söckchen, das [ˈzœkçən] 94
Socke, die [ˈzɔkə] 97
Sofa, das [ˈzoːfa] 20
Software, die [ˈsɔftvɛːɐ̯] 89
Sohle, die [ˈzoːlə] 98
Sohn, der [zoːn] 10
Sojasoße, die [ˈzoːjazoːsə] 55
Solarheizung, die [zoˈlaːɐ̯haitsʊŋ] 33
Sommer, der [ˈzɔmɐ] 114
Sonderangebot, das [ˈzɔndɐʔangəboːt] 61
Sonnenbrand, der [ˈzɔnənbrant] 74
Sonnenbrille, die [ˈzɔnənbrɪlə] 97
Sonnenhut, der [ˈzɔnənhuːt] 94
Sonnenschutzmittel, das [ˈzɔnənʃʊtsmɪtl̩] 77
Sonntag, der [ˈzɔntaːk] 115
Spachtel, der/die [ˈʃpaxtl̩] 32
Spachtelmasse, die [ˈʃpaxtl̩masə] 32
spachteln [ˈʃpaxtl̩n] 32
Spammail, die [ˈspɛmmeːl] 88
Sparkonto, das [ˈʃpaːɐ̯kɔnto] 104
Spaten, der [ˈʃpaːtn̩] 34
Speiche, die [ˈʃpaiçə] 45
speichern [ˈʃpaɪçɐn] 86
Spiegel, der [ˈʃpiːgl̩] 20, 27
Spinat, der [ʃpiˈnaːt] 51
Sprechanlage, die [ˈʃprɛçʔanlaːgə] 16
Sprechstunde, die [ˈʃprɛçʃtʊndə] 70
Spritze, die [ˈʃprɪtsə] 76
Spritze bekommen, eine [ˈʃprɪtsə bəkɔmən] 71
Sprühflasche, die [ˈʃpryːflaʃə] 29
Spülbecken, das [ˈʃpyːlbɛkn̩] 22
Spülmaschine, die [ˈʃpyːlmaʃiːnə] 22
Spülmittel, das [ˈʃpyːlmɪtl̩] 29
Spülung, die [ˈʃpyːlʊŋ] 78
Stäbchen, das [ˈʃtɛːpçən] 59
stabile Seitenlage, die [ʃtaˈbiːlə ˈzaitn̩laːgə] 100
Standstreifen, der [ˈʃtantʃtraifn̩] 37
Starthilfekabel, das [ˈʃtarthɪlfəkaːbl̩] 43
Stau, der [ʃtau] 37
Steckdose, die [ˈʃtɛkdoːzə] 33
Stecker, der [ˈʃtɛkɐ] 33
Stellenanzeige, die [ˈʃtɛlənʔantsaigə] 80
Stethoskop, das [ʃtetoˈskoːp] 70
Stiefbruder, der [ˈʃtiːfbruːdɐ] 13
Stiefelette, die [ʃtiːfəˈlɛtə] 96
Stiefmutter, die [ˈʃtiːfmʊtɐ] 13
Stiefschwester, die [ˈʃtiːfʃvɛstɐ] 13
Stiefvater, der [ˈʃtiːffaːtɐ] 13
Stiftehalter, der [ˈʃtɪftəhaltɐ] 81
stillen [ˈʃtɪlən] 69
Stirn, die [ʃtɪrn] 67
Stoffwindel, die [ˈʃtɔfvɪndl̩] 94
Stoßstange, die [ˈʃtoːsʃtaŋə] 39
Straftat, die [ˈʃtraːftaːt] 101
Strampler, der [ˈʃtramplɐ] 94
Straßenbahn, die [ˈʃtraːsn̩baːn] 46
Straßenlaterne, die [ˈʃtraːsn̩latɛrnə] 36
Strichcode, der [ˈʃtrɪçkoːt] 61
Strickjacke, die [ˈstrɪkjakə] 96
Stromkabel, das [ˈʃtroːmkaːbl̩] 84
Stromzähler, der [ˈʃtroːmtsɛːlɐ] 33
Strumpfhose, die [ˈʃtrʊmpfhoːzə] 97
Stuhl, der [ʃtuːl] 21
Stunde, die [ˈʃtʊndə] 112
subtrahieren [zʊptraˈhiːrən] 111
suchen [ˈzuːxn̩] 86
Suchmannschaft, die [ˈzuːxmanʃaft] 102
Suppe, die [ˈzʊpə] 59
Suppenlöffel, der [ˈzʊpn̩lœfl̩] 59
Surfstick, der [ˈzøːɐ̯fstɪk] 89
Sushi, das [ˈsuːʃi] 58
süß [zyːs] 58
Süßkartoffel, die [ˈzyːskartɔfl̩] 50
Symptom, das [zʏmpˈtoːm] 77

T

Tablet-Computer, der [ˈtɛblɛtkɔmpjuːtɐ] 89
Tablett, das [taˈblɛt] 24
Tablette, die [taˈblɛtə] 76
Tacker, der [ˈtakɐ] 81
Taco, der [ˈtako] 58
Tag, der [taːk] 115
Tagesordnung, die [ˈtaːgəsʔɔrdnʊŋ] 82
Taille, die [ˈtaljə] 65
Tampon, der [ˈtampɔn] 77
tanken [ˈtaŋkn̩] 42
Tante, die [ˈtantə] 11
Tapete entfernen, die [taˈpeːtə ɛntfɛrnən] 32
Tapetenrolle, die [taˈpeːtn̩rɔlə] 32
tapezieren [tapeˈtsiːrən] 32
Tapeziertisch, der [tapeˈtsiːɐ̯tɪʃ] 32
Taschendiebstahl, der [ˈtaʃn̩diːpʃtaːl] 101
Taschenmesser, das [ˈtaʃn̩mɛsɐ] 31
Taschenrechner, der [ˈtaʃn̩rɛçnɐ] 111
Taskleiste, die [ˈtaːsklaɪstə] 87
Tastatur, die [tastaˈtuːɐ̯] 84
Tastenfeld, das [ˈtastn̩fɛlt] 90, **104**
tausend [ˈtauzn̩t] 107
tausendste(r, s) [ˈtauzn̩tstə] 109
Teamleiter, der [ˈtiːmlaitɐ] 82
Teebeutel, der [ˈteːbɔytl̩] 57
Teeblätter, die [ˈteːblɛtɐ] 57
Teilnehmer, der [ˈtailneːmɐ] 82
Teilzeit, die [ˈtailtsait] 80
Telefonhörer, der [teːleˈfoːnhøːrɐ] 90
Tellerlinse, die [ˈtɛlɐlɪnzə] 52

Teppich, der [ˈtɛpɪç] 25
Teppichboden, der [ˈtɛpɪçboːdn̩] 20
Teppichmesser, das [ˈtɛpɪçmɛsɐ] 30
Termin, der [tɛrˈmiːn] 70
Terrasse, die [tɛˈrasə] 18
Tesafilm®, der [ˈteːzafɪlm] 81
Textmarker, der [ˈtɛkstmaːrkɐ] 81
Tiefkühlkost, die [ˈtiːfkyːlkɔst] 62
Tintenpatrone, die [ˈtɪntənpatroːnə] 85
Tintenstrahldrucker, der [ˈtɪntənʃtraːldrʊkɐ] 85
tippen [ˈtɪpən] 85
Tischdecke , die [ˈtɪʃdɛkə] 59
Tischdekoration, die [ˈtɪʃdekoratsi̯oːn] 21
Tischläufer, der [ˈtɪʃlɔyfɐ] 21
Toaster, der [ˈtoːstɐ] 23
Tochter, die [ˈtɔxtɐ] 10
Toilette, die [twaˈlɛtə] 27
Toilettenpapier, das [twaˈlɛtn̩papiːɐ̯] 27
Tomate, die [toˈmaːtə] 52
Tonerkartusche, die [ˈtoːnɐkartʊʃə] 85
Töpfchen, das [ˈtœpfçən] 26
Topfhandschuh, der [ˈtɔpfhantʃuː] 24
Tortendiagramm, das [ˈtɔrtn̩diagram] 82
Tortilla, die [tɔrˈtɪlja] 56
Touchscreen, der [ˈtatʃskriːn] 89
Trage, die [ˈtraːgə] 100
Trägertop, das [ˈtrɛːgɐtɔp] 96
Trekkingsandale, die [ˈtrɛkɪŋzandaːlə] 98
Treppenhaus, das [ˈtrɛpn̩haus] 17
Tropfen, die [ˈtrɔpfn̩] 76
Tschüss! [tʃyːs] 14
T-Shirt, das [ˈtiːʃøːɐ̯t] 95
Tunfisch, der [ˈtuːnfɪʃ] 48
Tunnel, der [ˈtʊnl̩] 36
Türgriff, der [ˈtyːɐ̯grɪf] 40
Türklingel, die [ˈtyːɐ̯klɪŋl̩] 16
Turnschuh, der [ˈtʊrnʃuː] 98
Türschloss, das [ˈtyːɐ̯ʃlɔs] 16
Türschwelle, die [ˈtyːɐ̯ʃvɛlə] 18

U

U-Bahn, die [ˈuːbaːn] 46
Übelkeit, die [ˈyːbl̩kait] 71
Überfall, der [ˈyːbɐfal] 101
Überführung, die [yːbɐˈfyːrʊŋ] 37
Überholspur, die [yːbɐˈhoːlʃpuːɐ̯] 37
übermorgen [ˈyːbɐmɔrgn̩] 114
Überweisung, die [yːbɐˈvaizʊŋ] 70
Überweisungsschein, der [yːbɐˈvaizʊŋsʃain] 105
Ultraschallaufnahme, die [ˈʊltraʃalʔaufnaːmə] 69
Ultraschalluntersuchung, die [ˈʊltraʃalʔʊntɐzuːxʊŋ] 69
um eine Stelle bewerben, sich [ʊm ainə ˈʃtɛlə bəˈvɛrbn̩] 80
Um sieben Uhr. [ʊm ˈziːbn̩ ˈuːɐ̯] 112
Um wie viel Uhr? [ʊm ˈviː fiːl ˈuːɐ̯] 112
umarmen, sich [ʊmˈʔarmən] 13
Umbau, der [ˈʊmbau] 16
umsteigen [ˈʊmʃtaign̩] 46
Unfallopfer, das [ˈʊnfalʔɔpfɐ] 100
Unkraut jäten [ˈʊnkraut jɛːtn̩] 34
Unkrautvernichter, der [ˈʊnkrautfɛɐ̯nɪçtɐ] 34
Unterführung, die [ʊntɐˈfyːrʊŋ] 37
Unterhose, die [ˈʊntɐhoːzə] 95
Unze, die [ˈʊntsə] 116
USB-Schnittstelle, die [uːʔɛsˈbeːʃnɪtʃtɛlə] 84
USB-Stick, der [uːʔɛsˈbeːstɪk] 85

V

Vater, der [faːtɐ] 11
vegan [veˈgaːn] 60
vegetarisch [vegeˈtaːrɪʃ] 60
Ventilator, der [vɛntiˈlaːtoːɐ̯] 20, 42
verabschieden, sich [fɛɐ̯ˈʔapʃiːdn̩] 14
Verband, der [fɛɐ̯ˈbant] 75
Verbandschere, die [fɛɐ̯ˈbantʃeːrə] 75
Verbandszeug, das [fɛɐ̯ˈbantstsɔyk] 75
verbeugen, sich [fɛɐ̯ˈbɔygn̩] 13
verbleit [fɛɐ̯ˈblait] 42
Verbrennung, die [fɛɐ̯ˈbrɛnʊŋ] 74
verdienen [fɛɐ̯ˈdiːnən] 83
Verdünnungsmittel, das [fɛɐ̯ˈdʏnʊŋsmɪtl̩] 32
Verfallsdatum, das [fɛɐ̯ˈfalsdaːtʊm] 77
Vergewaltigung, die [fɛɐgəˈvaltɪgʊŋ] 101
verheiratet [fɛɐ̯ˈhairaːtɛt] 12
Verkehrsunfall, der [fɛɐ̯ˈkeːɐ̯sʔʊnfal] 43
Verlängerungskabel, das [fɛɐ̯ˈlɛŋerʊŋskaːbl̩] 33
vermehren [fɛɐ̯ˈmeːrən] 34
vermieten [fɛɐ̯ˈmiːtn̩] 17
Vermieter, der [fɛɐ̯ˈmiːtɐ] 17
Vermieterin, die [fɛɐ̯ˈmiːterin] 17
Vermisste, der/die [fɛɐˈmɪstə] 102
verputzen [fɛɐ̯ˈpʊtsn̩] 32
versandkostenfrei [fɛɐˈzantkɔstn̩frai] 92
Verschlüsselung, die [fɛɐ̯ˈʃlʏsəlʊŋ] 88
Versiegelungsmittel, das [fɛɐ̯ˈziːglʊŋsmɪtl̩] 32
Verspätung, die [fɛɐ̯ˈʃpɛːtʊŋ] 46
Vertretung, die [fɛɐ̯ˈtreːtʊŋ] 83
verwandt [fɛɐ̯ˈvant] 12
Verwandte, der/die [fɛɐ̯ˈvantə] 12
verwitwet [fɛɐ̯ˈvɪtvət] 12
viele [ˈfiːlə] 111
vielfach [ˈfiːlfax] 110
vier [fiːɐ̯] 106
vier Uhr [ˈfiːɐ̯ ˈuːɐ̯] 112
vierfach [ˈfiːɐ̯fax] 110
viermal [ˈfiːɐ̯maːl] 110
vierte(r, s) [ˈfiːɐ̯tə] 108
Viertel, ein [ˈfɪrtl̩] 110
Viertel nach neun [ˈfɪrtl̩ naːx ˈnɔyn] 113
Viertel vor zwölf [ˈfɪrtl̩ fɔɐ̯ ˈtsvœlf] 113
vierzehn [ˈfɪrtseːn] 107
vierzehn Uhr [ˈfɪrtseːn ˈuːɐ̯] 113
vierzehnte(r, s) [ˈfɪrtseːntə] 108
vierzig [ˈfɪrtsɪç] 107
vierzigste(r, s) [ˈfɪrtsɪçstə] 109
Virus, das [ˈviːrʊs] 71
Vitrine, die [viˈtriːnə] 19, 21
Vollkornbrot, das [ˈfɔlkɔrnbroːt] 56
Vollzeit, die [ˈfɔltsait] 80
vor Nässe schützen [fɔɐ̯ ˈnɛsə ˈʃʏtsn̩] 92
Vor/in zehn Minuten. [fɔɐ̯/ɪn ˈtseːn miˈnuːtn̩] 113
Vorderrad, das [ˈfɔrdɐraːt] 45
Vorfahrt, die [ˈfɔɐ̯faːɐ̯t] 37
Vorfahrt gewähren! [ˈfɔɐ̯faːɐ̯t gəˈvɛːrən] 38
vorgestern [ˈfɔɐ̯gɛstɐn] 114

Vorhang, der [ˈfoːɐ̯haŋ] 20
vorletzte(r, s) [ˈfɔɐ̯lɛtstə] 109

W

Waage, die [ˈvaːgə] 92
Wade, die [ˈvaːdə] 65
wählen [ˈvɛːlən] 90
Währung, die [ˈvɛːrʊŋ] 105
Wanderstiefel, der [ˈvandɐʃtiːfl̩] 98
Wanduhr, die [ˈvantʔuːɐ̯] 19
Wange, die [ˈvaŋə] 67
Wann? [van] 113
Ware, die [ˈvaːrə] 61
Warenregal, das [ˈvaːrənregaːl] 61
Warentransportband, das [vaːrəntransˈpɔrtbant] 61
Wartehäuschen, das [ˈvartəhɔysçən] 44
Wartezimmer, das [ˈvartətsɪmɐ] 70
Waschbecken, das [ˈvaʃbɛkn̩] 27
Wäsche schleudern, die [ˈvɛʃə ʃlɔydɐn] 28
Wäsche waschen, die [ˈvɛʃə vaʃn̩] 28
Wäsche zum Trocknen aufhängen, die [vɛʃə tsʊm ˈtrɔknən aufhɛŋən] 28
Wäscheklammer, die [ˈvɛʃəklamɐ] 28
Wäscheleine, die [ˈvɛʃəlainə] 28
Wäscheständer, der [ˈvɛʃəʃtɛndɐ] 28
Wäschetrockner, der [ˈvɛʃətrɔknɐ] 28
Waschmaschine, die [ˈvaʃmaʃiːnə] 28
Waschmaschine füllen, die [ˈvaʃmaʃiːnə fʏlən] 28
Waschpulver, das [ˈvaʃpʊlvɐ] 28
Wasser, das [ˈvasɐ] 57
Wasserglas, das [ˈvasɐglaːs] 59
Wasserhahn, der [ˈvasɐhaːn] 27
Wasserkocher, der [ˈvasɐkɔxɐ] 23
Wassermelone, die [ˈvasɐmeloːnə] 54
Wasserwaage, die [ˈvasɐvaːgə] 30
WC-Reiniger, der [veːˈtseː rainɪgɐ] 29
Webcam, die [ˈwɛbkɛm] 84
Wechselstube, die [ˈvɛksl̩ʃtuːbə] 105
Wegwerfwindel, die [ˈvɛkvɛrfvɪndl̩] 94
Wehen, die [ˈveːən] 69
Weichspüler, der [ˈvaiçʃpyːlɐ] 28
weinen [ˈvainən] 14
Weinglas, das [ˈvainglaːs] 59
Weintraube, die [ˈvaintraubə] 53
Weißbrot, das [ˈvaisbroːt] 56
Weißkohl, der [ˈvaiskoːl] 51
Weißwein, der [ˈvaisvain] 57
Weizenmehl, das [ˈvaitsn̩meːl] 56
Welches Datum haben wir heute? [vɛlçəs ˈdaːtʊm haːbn̩ viːɐ̯ ˈhɔytə] 114
Wenden verboten [ˈvɛndn̩ fɛɐ̯ˈboːtn̩] 38
wenige [ˈveːnɪgə] 111
Werkzeugkasten, der [ˈvɛrktsɔykkastn̩] 32
Wickeltasche, die [ˈvɪkl̩taʃə] 26
Wie heißen Sie? [viː ˈhaisn̩ ziː] 14
Wie heißt du? [viː ˈhaist duː] 14
Wie ist der aktuelle Wechselkurs? [ˈviː ɪst deːɐ̯ aktu̯ɛlə ˈvɛksl̩kʊrs] 105
Wie viel Uhr ist es? [viː fiːl ˈuːɐ̯ ɪst ɛs] 112
wiederherstellen [viːdɐˈhɛrʃtɛlən] 87
Wimper, die [ˈvɪmpɐ] 67
Windschutzscheibe, die [ˈvɪntʃʊtsʃaibə] 39
winken [ˈvɪŋkn̩] 14
Winter, der [ˈvɪntɐ] 114
Wirsing, der [ˈvɪrzɪŋ] 51
Wischmopp, der [ˈvɪʃmɔp] 29
WLAN, das [ˈveːlan] 88
Woche, die [ˈvɔxə] 115
Wochenende, das [ˈvɔxn̩ʔɛndə] 115
Wochentag, der [ˈvɔxn̩taːk] 115
Wok, der [vɔk] 24
Wunde, die [ˈvʊndə] 74
Wurmfortsatz, der [ˈvʊrmfɔrtzats] 68

Z

Zahn, der [tsaːn] 67
Zahnpasta, die [ˈtsaːnpasta] 78
Zapfsäule, die [ˈtsapfzɔylə] 42
Zapfschlauch, der [ˈtsapfʃlaux] 42
Zebrastreifen, der [ˈtseːbraʃtraifn̩] 36
zehn [tseːn] 106
zehnmillionste(r, s) [ˈtseːnmɪli̯oːnstə] 109
zehntausend [ˈtseːntauzn̩t] 107
zehntausendste(r, s) [ˈtseːntauzn̩tstə] 109
zehnte(r, s) [ˈtseːntə] 108
Zeigefinger, der [ˈtsaigəfɪŋɐ] 66
Zentimeter, der/das [tsɛntiˈmeːtɐ] 116
Zentralheizung, die [tsɛnˈtraːlhaitsʊŋ] 33
zerbrechlich [tsɛɐ̯ˈbrɛçlɪç] 92
Zimmerpflanze, die [ˈtsɪmɐpflantsə] 21
Zinssatz, der [ˈtsɪnszats] 104
Zitrone, die [tsiˈtroːnə] 54
Zoll, der [tsɔl] 116
zu verkaufen [tsuː fɛɐ̯ˈkaufn̩] 16
Zucchini, die [tsʊˈkiːniː] 52
züchten [ˈtsʏçtn̩] 34
Zucker, der [ˈtsʊkɐ] 60
zuckerfrei [ˈtsʊkɐfrai] 60
Zuckermelone, die [ˈtsʊkɐmeloːnə] 54
Zug, der [ˈtsuːk] 46
zurückschneiden [tsuˈrʏkʃnaidn̩] 34
zwanzig [ˈtsvantsɪç] 107
zwanzig vor sieben [ˈtsvantsɪç fɔɐ̯ ˈziːbn̩] 113
zwanzigste(r, s) [ˈtsvantsɪçstə] 108
zwanzigtausend [ˈtsvantsɪçtauzn̩t] 107
zwei [tsvai] 106
zwei Fünftel [tsvai ˈfʏnftl̩] 110
zwei Siebzehntel [tsvai ˈziːptseːntl̩] 110
zwei Uhr [ˈtsvai ˈuːɐ̯] 112
zweifach [ˈtsvaifax] 110
zweihunderterste(r, s) [tsvaihʊndɐtˈʔeːɐ̯stə] 109
zweihundertfünfundzwanzigste(r, s) [tsvaihʊndɐtfʏnfʔʊntˈtsvantsɪçstə] 109
zweihundertzweiundzwanzig [ˈtsvaihʊndɐttsvaiʔʊnttsvantsɪç] 107
zweimal [ˈtsvaimaːl] 110
zweite(r, s) [ˈtsvaitə] 108
zweiundzwanzig [ˈtsvaiʔʊnttsvantsɪç] 107
zweiundzwanzigste(r, s) [ˈtsvaiʔʊnttsvantsɪçstə] 108
Zwiebel, die [ˈtsviːbl̩] 50
Zwillinge, die [ˈtsvɪlɪŋə] 12
zwölf [tsvœlf] 107
zwölf Uhr mittags [ˈtsvœlf ˈuːɐ̯ ˈmɪtaːks] 112
zwölfte(r, s) [ˈtsvœlftə] 108

BILDNACHWEIS

*= © Fotolia.com

9 istockphoto/andresr, **10** */Alexander Raths, **10** */Jeanette Dietl, **10** */Forgiss, **10** */paulmz, **10** */fotodesign-jegg.de, **10** */mimagephotos, **10** */Syda Productions, **10** */iko, **10** */Jeanette Dietl, **10** */drubig-photo, **10** */oocoskun, **11** */damato, **11** */vbaleha, **11** */Rido, **11** */Ljupco Smokovski, **11** */Jeanette Dietl, **11** */Janina Dierks, **11** */Valua Vitaly, **11** */Rido, **11** */Andres Rodriguez, **11** */Syda Productions, **11** */Valua Vitaly, **12** */Dmitry Lobanov, **12** */Samuel Borges, **12** */DenisNata, **12** */Pavel Losevsky, **12** */WONG SZE FEI, **12** */vgstudio, **12** */Ariwasabi, **13** */Gabriel Blaj, **13** */endostock, **13** */mma23, **13** */Jasmin Merdan, **13** */Tom Wang, **13** */JanMika, **13** */Picture-Factory, **14** */BeTa-Artworks, **14** */michaeljung, **14** */Savannah1969, **14** */patpitchaya, **14** */Sabphoto, **14** */Cello Armstrong, **14** */eyetronic, **14** */Danilo Rizzuti, **14** */Ruth Black, **15** istockphoto/tab1962, **16** */JSB, **16** */Tiberius Gracchus, **16** */visivasnc, **16** */Lasse Kristensen, **16** */Speedfighter, **16** */Bokicbo, **16** */typomaniac, **16** */O.M., **16** */designsstock, **17** */Kurhan, **17** */Brilliant Eagle, **17** */Iriana Shiyan, **17** */terex, **17** */Sashkin, **17** */pyzata, **17** */Igor Kovalchuk, **17** */Maksym Yemelyanov, **17** */pabijan, **18** */Magda Fischer, **19** */Bert Folsom, **19** */Aleksandar Jocic, **19** */yevgenromanenko, **19** */Aleksandr Ugorenkov, **19** */luchshen, **19** */sokrub, **19** */sokrub, **19** */okinawakasawa, **19** */Delphimages, **19** */arteferretto, **19** */Kitch Bain, **19** */Chris Brignell, **20** */Iriana Shiyan, **21** */pics721, **22** */stock_for_free, **23** */mrgarry, **23** */mariocigic, **23** Thinkstock/Hemera, **23** */Denis Gladkiy, **23** */Sergii Moscaliuk, **23** */okinawakasawa, **23** */Alexander Morozov, **23** */kmiragaya, **23** */Alexander Morozov, **23** */Nikola Bilic, **23** */Alona Dudaieva, **23** */Piotr Pawinski, **24** */Kitch Bain, **24** */pholien, **24** */cretolamna, **24** */Harald Biebel, **24** */M.R. Swadzba, **24** */IrisArt, **24** */cretolamna, **24** */picsfive, **24** */Schwoab, **24** */cretolamna, **24** */Stefan Balk, **24** */karandaev, **25** */2mmedia, **26** */simmittorok, **26** */Liliia Rudchenko, **26** */venusangel, **26** */Ljupco Smokovski, **26** */Maksim Kostenko, **26** Thinkstock/Stockbyte, **26** */Xuejun li, **26** */Ljupco Smokovski, **26** */Coprid, **26** */Yingko, **26** Thinkstock/NikolayK, **26** */srdjan111, **27** */adpePhoto, **27** */Africa Studio, **27** */Tiler84, **27** */NilsZ, **27** */Coprid, **28** */Sashkin, **28** */Creatix, **28** */Katrina Brown, **28** */Ljupco Smokovski, **29** */Okea, **30** */kmit, **30** */claudio, **30** */tuja66, **30** */corund, **30** */mick20, **30** */Denis Dryashkin, **30** */tuja66, **30** */CE Photography, **30** */tuja66, **30** */Бурдюков Андрей, **30** */vav63, **31** */Rynio Productions, **31** */Rynio Productions, **31** */scis65, **31** */Coprid, **31** */f9photos, **31** */Freer, **32** */Africa Studio, **32** */ankiro, **32** */Ionescu Bogdan, **32** */Denys Rudyi, **32** */tuja66, **33** */Nomad_Soul, **33** */twister025, **33** */egorovvasily, **33** */womue, **33** Thinkstock/iStockphoto, **33** Thinkstock/iStockphoto, **33** */by-studio, **33** */cherezoff, **34** */Zbyszek Nowak, **34** */opasstudio, **34** */photka, **34** */photka, **34** */Gerald Bernard, **34** */steamroller, **34** */Kasia Bialasiewicz, **34** */mopsgrafik, **34** */fotoschab, **35** istockphoto/JLFCapture, **36** Thinkstock/Keith Levit Photography, **36** Thinkstock/iStockphoto, **36** Thinkstock/iStockphoto, **36** Thinkstock/iStockphoto, **36** Thinkstock/iStockphoto, **37** Thinkstock/Fuse, **37** */Alexandra Gl, **38** */leremy, **38** */leremy, **38** */leremy, **38** */leremy, **38** */leremy, **38** */mrtimmi, **38** */mrtimmi, **38** */mrtimmi, **38** */Bobo, **38** */leremy, **38** */leremy, **38** */FelixCHH, **39** */Vladimir Kramin, **40** */algre, **41** Thinkstock/iStockphoto, **41** */Michael Seidel, **42** Thinkstock/iStockphoto, **42** */Lasse Kristensen, **43** Thinkstock/Stockbyte, **44** Thinkstock/iStockphoto, **44** Thinkstock/iStockphoto, **44** Thinkstock/iStockphoto, **44** Thinkstock/iStockphoto, **44** */Bikeworldtravel, **45** Thinkstock/iStockphoto, **45** Thinkstock/iStockphoto, **46** */Fotito, **46** */tr3gi, **47** istockphoto/monticelllo, **48** */unpict, **48** */Teamarbeit, **48** Dreamstime/Christian Jung, **48** */ExQuisine, **48** */Rémy MASSEGLIA, **48** */lunamarina, **48** */Witold Krasowski, **48** */Dionisvera, **48** */angorius, **48** */Dani Vincek, **48** */felinda, **48** */pedrolieb, **49** */ExQuisine, **49** */volff, **49** Shutterstock/shutterstock.com/Multiart, **50** */valeriy555, **50** */valeriy555, **50** */Barbara Pheby, **50** */volga1971, **50** Dreamstime/Robynmac - Dreamstime.com, **50** */Anna Kucherova, **51** */jerome signoret, **51** */boguslaw, **51** */World travel images, **51** */margo555, **51** */Wolfgang Jargstorff, **52** */valeriy555, **52** */silencefoto, **52** */valeriy555, **52** */valeriy555, **52** */photocrew, **52** */valeriy555, **52** */valeriy555, **52** */Zbyszek Nowak, **52** */Andrey Starostin, **53** */azureus70, **53** */valeriy555, **53** */valeriy555, **53** */valeriy555, **53** */valeriy555, **53** */valeriy555, **53** */valeriy555, **53** */valeriy555, **53** */valeriy555, **54** */valeriy555, **54** Dreamstime/ Skyper1975, **54** */Werner Fellner, **54** */marilyn barbone, **55** Dreamstime/Sergioz, **55** */Africa Studio, **55** */Inga Nielsen, **55** */Inga Nielsen, **55** */Inga Nielsen, **55** */Boris Ryzhkov, **56** Dreamstime/Jirkaejc, **56** */Sergejs Rahunoks, **56** Dreamstime/Givaga, **56** */the_pixel, **56** */Liaurinko, **56** */midosemsem, **56** */Jiri Hera, **56** */juri semjonow, **56** */Brad Pict, **56** */Julian Weber, **56** */Olegich, **56** */komar.maria, **57** */Jiri Hera, **57** */Nitr, **57** */Nitr, **57** */pabijan, **57** */Fotofermer, **57** */gtranquillity, **57** */gtranquillity, **57** */Nitr, **57** */Taffi - Fotolia.cfom, **57** */Taffi, **58** */Jiri Hera, **58** */Liaurinko, **58** */Dmytro Sukharevskyy, **58** */Dmytro Sukharevskyy, **58** */Dmytro Sukharevskyy, **58** */uckyo, **58** */torsakarin, **58** */Thibault Renard, **58** */Dmytro Sukharevskyy, **59** */Jack Jelly, **59** */aktifreklam, **59** */Jacek Chabraszewski, **59** iStockphoto/Gordana Sermek, **59** */Africa Studio, **60** */ashka2000, **60** */womue, **60** */reineg, **60** */reineg, **60** */reineg, **60** */reineg, **60** */Subbotina Anna, **60** */rangizzz, **60** */sjhuls, **61** */Minerva Studio, **61** */eyetronic, **61** */AlienCat, **61** */Thomas Francois, **61** */ag visuell, **62** */Art Allianz, **62** */adisa, **62** */Pumba, **62** */adisa,

62 */Vitaly Maksimchuk, **62** Thinkstock/iStockphoto, **62** */amlet, **62** Thinkstock/ Brand X Pictures, **62** */Joshhh, **62** */808isgreat, **62** Thinkstock/ iStockphoto, **62** */Andres Rodriguez, **63** thinkstock/zf, **64** */CLIPAREA.com, **65***/CLIPAREA.com, **66** Thinkstock/Zoonar, **66** Thinkstock/Hemera @ Getty Images, **67** */Valua Vitaly, **68** */pixelcaos, **69** */Lsantilli, **69** */Sven Bähren, **69** */Tyler Olson, **69** */GordonGrand, **69** */iStockphoto, **69** Thinkstock/oksun70, **69** */Robert Angermayr, **70** */Alexander Raths, **70** */Creativa, **70** */ISO K° - photography, **70** */Sashkin, **71** */Monkey Business, **71** */dalaprod, **71** */drubig-photo, **71** */drubig-photo, **72** */Africa Studio, **72** */iko, **72** */DoraZett, **72** */Creativa, **72** */Gina Sanders, **72** */Subbotina Anna, **72** */drubig-photo, **72** */Ocskay Bence, **72** */detailblick, **72** */Kurhan, **72** */smikeymikey1, **72** */Dmitry Lobanov, **73** Thinkstock/iStockphoto, **73** */Guido Grochowski, **73** */Dmitry Vereshchagin, **73** */treetstreet, **73** */Peter Atkins, **73** */Bandika, **73** */wckiw, **74** */Igor Mojzes, **74** */st-fotograf, **74** */Vidady, **74** Thinkstock/iStockphoto, **74** Thinkstock/iStockphoto, **74** */Gelpi, **74** */Volker Witt, **74** */apops, **74** */juefraphoto, **75** */Michael Schütze, **75** */ brozova, **75** */Rodja, **75** Thinkstock/iStockphoto, **75** */cristi180884, **76** */Africa Studio, **76** */Africa Studio, **76** */Coprid, **76** */Anatoly Repin, **76** */adisa, **76** */Manuel Schäfer, **77** */seen, **77** */only4denn, **77** */Coprid, **77** */blondina93, **77** */by-studio, **77** */Jiri Hera, **77** */Johanna Goodyear, **77** */Tharakorn, **77** */terex, **78** */wiedzma, **78** */kontur-vid, **78** */picsfive, **78** */pattarastock, **78** */NilsZ, **78** */picsfive, **78** */picsfive, **78** */ksena32, **78** */cristi180884, **78** */nito, **78** */Tarzhanova, **78** */bpstocks, **79** istockphoto/pixdeluxe, **80** */contrastwerkstatt, **80** */A_Bruno, **81** */Africa Studio, **81** */Diana Taliun, **81** */Rulan, **81** */interklicks, **81** Thinkstock/iStockphoto, **82** */Picture-Factory, **82** */Carlos Caetano, **82** */vda_82, **82** */vetkit, **82** */Jacek Fulawka, **83** */Viorel Sima, **83** */Brian Jackson, **84** */TAlex, **84** */Maksym Yemelyanov, **84** */Vitas, **84** Thinkstock/iStockphoto, **84** */Artur Synenko, **85** */dimakp, **85** */heigri, **85** */Lusoimages, **85** */Apart Foto, **85** */sonne fleckl, **85** */Manuela Fiebig, **85** */Klaus Eppele, **85** */Artur Synenko, **85** */Gina Sanders, **86** */snyfer, **86** */snyfer, **86** */Iurii Timashov, **86** */Iurii Timashov, **86** */Iurii Timashov, **86** */Iurii Timashov, **86** */Iurii Timashov, **86** */Iurii Timashov, **86** */WonderfulPixel, **86** */Iurii Timashov, **86** */Iurii Timashov, **86** */Iurii Timashov, **87** */WonderfulPixel, **87** */WonderfulPixel, **87** */WonderfulPixel, **87** */WonderfulPixel, **87** */vasabii, **87** */grgroup, **87** */ vector_master, **87** */Vectorhouses, **87** */Vectorhouses, **88** */Metin Tolun, **88** */Do Ra, **88** */Do Ra, **88** */Do Ra, **88** */Do Ra, **88** */Do Ra, **88** */Palsur, **88** */marog-pixcells, **88** */Palsur, **89** */inal09, **89** */mtkang, **89** */by-studio, **89** */Scanrail, **89** */RTimages, **89** */Coprid, **89** */Palsur, **89** */Andrew Barker, **90** */ashumskiy, **90** */Vitas, **90** */singkham, **91** */Scanrail, **91** */Dron, **92** Thinkstock/iStockphoto, **92** */gradt, **92** */JiSIGN, **92** */JiSIGN, **92** */JiSIGN, **93** istockphoto/kgtoh, **94** */boumenjapet, **94** */Vera Anistratenko, **94** */carol_anne, **94** */Andrey Armyagov, **94** */Pamela Uyttendaele, **94** */Zbyszek Nowak, **94** */Michaela Pucher, **94** */Katrina Brown, **95** */Karramba Production, **95** */BEAUTYofLIFE, **95** */Khvost, **95** */Khvost, **95** */Elnur, **95** */Gordana Sermek, **95** */Alexandra Karamyshev, **96** */mimagephotos, **96** */Alexandra Karamyshev, **96** */ludmilafoto, **96** */okinawakasawa, **96** Thinkstock/Alexandru Chiriac, **96** */cedrov, **96** */Khvost, **97** */Elnur, **97** */Elnur, **97** */Ruslan Kudrin, **97** */Alexandra Karamyshev, **97** */Robert Lehmann, **97** */Liaurinko, **97** */rangizzz, **97** */Jiri Hera, **97** */Andrew Buckin, **98** */adisa, **98** */PRILL Mediendesign, **98** */Africa Studio, **98** */adisa, **98** */humbak, **98** */Jiri Hera, **98** */Andre Plath, **98** */Alexander Raths, **98** */thaikrit, **99** istockphoto/roibu, **100** */CandyBox Images, **100** */Roman Milert, **100** */Volker Witt, **100** */ AK-DigiArt, **100** */Dario Lo Presti, **101** Thinkstock/Photodisc, **101** */Lukas Sembera, **101** */koszivu, **101** */Photographee.eu, **101** */Monkey Business, **101** */Photographee.eu, **101** */Gerhard Seybert, **102** */ PictureArt, **102** */ Arcady, **102** */playstuff, **102** */beermedia, **102** */Igor Kovalchuk, **102** */Fiedels, **102** */Birgit Reitz-Hofmann, **102** */Claudio Divizia, **102** */Kalle Kolodziej, **103** istockphoto/RBFried, **104** */qech, **104** */contrastwerkstatt, **104** */Santiago Cornejo, **105** */eyewave, **105** */jogyx, **105** */Joop Hoek, **105** */T. Michel, **105** Thinkstock/iStockphoto, **105** Thinkstock/photodisc (Keith Brofsky), **105** */LVDESIGN, **105** */lowtech24, **105** Thinkstock/ iStockphoto, **106** */DDRockstar, **106** */Denys Prykhodov, **106** */Denys Prykhodov, **106** */Denys Prykhodov, **106** */Denys Prykhodov, **106** */Denys Prykhodov, **106** */Denys Prykhodov, **106** */Africa Studio, **106** */Africa Studio, **106** */Africa Studio, **106** */DB, **111** */robert, **112** */magann, **112** */magann, **112** */magann, **112** */magann, **112** */magann, **112** */magann, **112** */magann, **112** */magann, **112** */magann, **113** */magann, **113** */magann, **113** */magann, **113** */magann, **113** */magann, **113** */magann, **113** */magann, **113** */vvoe, **113** */Lucky Dragon, **114** */tomreichner, **114** */in-foto-backgrounds, **114** */Reicher, **114** */ARochau, **114** */Beboy, **114** */Dmytro Smaglov, **114** */Anton Gvozdikov, **114** */sborisov, **114** */Netzer Johannes, **115** */Maria Vazquez, **116** */m.u.ozmen, **116** */hayo, **116** */lucato, **116** */www.strubhamburg.de.

PONS

Bildwörterbuch Französisch – Deutsch

Bearbeitet von: Dr. Michèle Moncharmont, Dr. Christiane Wirth

1. Auflage 2016 (1,01 - 2016)

www.pons.de
E-Mail: info@pons.de

Projektleitung: Helen Schmidt
Gestaltung: Petra Michel, Essen
Umschlaggestaltung: Anne Helbich, Stuttgart
Satz: Lumina Datamatics Ltd.
Umschlagfotos vorne, hinten: Thinkstock/Sebalos, Thinkstock/tratong
Logoüberarbeitung: Sabine Redlin, Ludwigsburg
Druck und Bindung: Print Consult GmbH, München
Printed in the EU

ISBN: 978-3-12-516004-0